D1730328

Mark Kulieke

GEBURT EINER OFFENBARUNG

**Die Entstehung des
Buches Urantia**

Aus dem Amerikanischen
von Rita Höner

Titel der amerikanischen Originalausgabe:
BIRTH OF A REVELATION
The Story of the Urantia Papers
Ins Deutsche übertragen von Rita Höner

Copyright © 2007 by Mark Kulieke

Besuchen Sie uns im Internet:
www.amraverlag.de

Deutsche Ausgabe:
Copyright © 2007 by AMRA Verlag
Auf der Reitbahn 8, D-63452 Hanau
Telefon: +49 (0) 61 81 – 18 93 92
Kontakt: info@amraverlag.de

Herausgeber & Lektor	Michael Nagula
Umschlag & Satz	Günter Treppte
Druck	CPI Moravia Books s.r.o.

ISBN 978-3-939373-08-7

Inhalt

Zur deutschen Ausgabe 7

Vorwort zur dritten Auflage 9

Vorwort zur zweiten Auflage 11

Vorwort zur ersten Auflage 15

Teil I Von oben nach unten –
        Gott neigt sich zu den Menschen hinab . . 19

Teil II Von unten nach oben –
        der Mensch strebt zu Gott 41

Teil III Die gesellschaftliche Synthese 63

Anhänge

Aus Dr. William Sadlers Buch
The Mind at Mischief (1929) 91

Biographische Informationen
zu den Mitgliedern der Kontaktkommission 97

Der Energiepol von Urantia 105

ZUR DEUTSCHEN AUSGABE

Das *Buch Urantia* liegt mittlerweile in mehr als einem Dutzend Sprachen vor. Die vorliegende Darstellung über die gesicherten Hintergründe, die zum *Buch Urantia* führten, wird hiermit in der fünften der Sprachen veröffentlicht, in denen das Offenbarungsbuch vorliegt.

In rund zwanzig Ländern sind bereits mehrere Tausend Exemplare dieser ursprünglich amerikanischen Darstellung verkauft worden. Sie wurde von diversen Kennern der Geschichte einschließlich der meisten noch lebenden Mitglieder des Forums gelesen und allgemein für ausgesprochen zutreffend befunden.

Diejenigen unter uns, die für die Veröffentlichung der vorliegenden Darstellung zuständig sind, haben die *Morning Star Foundation* gegründet und sind jetzt in diesem Rahmen tätig.

Die Stiftung bietet Studierenden des *Buches Urantia* und generell der breiten Öffentlichkeit Publikationen und Lehrveranstaltungen an. *Morning Star* ist von der amerikanischen Regierung als steuerfreie, gemeinnützige Körperschaft anerkannt. Dem derzeitigen Vorstand gehören Mark Kulieke, Pat Hilger und Lynne Kulieke an.

Wir haben regelmäßig neue Projekte in Arbeit.

Die vorliegende deutsche Ausgabe der Darstellung erscheint anlässlich der ersten Tagung für deutschsprachige Leserinnen und Leser des *Buches Urantia* am 10. und 11. November 2007 im *Hotel Excelsior*, Frankfurt am Main.

Mark Kulieke
Green Bay, Wisconsin

Vorwort zur dritten Auflage

Meine Abhandlung erlebt in den USA jetzt schon ihre dritte Auflage. Die Änderungen sind diesmal gering. Echte Korrekturen gab es gar nicht – nur unbedeutende Erweiterungen oder Umstellungen. Die wichtigsten Ergänzungen sind eine von Matthew Block stammende Passage über die menschlichen Quellen des *Buches Urantia* und, im Anhang, eine Kurzbiographie über die Mitglieder der Kontaktkommission.

Matthew Block und Leo Elliott möchte ich für ihre Beiträge zu dieser Auflage danken.

Das Büchlein ist weiterhin beliebt und wird stetig gekauft. Ich habe eine ganze Menge Briefe erhalten, die sich sehr positiv darüber äußern. Die folgenden Beispiele geben das, was viele mir mitgeteilt haben, besonders gut wieder:

»Bei der Lektüre Ihres Buches wurde mir überraschend die höhere Realität des Ganzen bewusst. Dass ich etwas über die einzelnen beteiligten Menschen und Ereignisse erfahren durfte, hat mir das

Ausmaß dessen, was in diesen frühen Jahrzehnten eigentlich passiert ist, intensiv vor Augen geführt.«

»Durch Ihren Bericht kann ich jetzt der unglaublichen Menge an Arbeit, die in die Entstehung des *Buches Urantia* einging, noch sehr viel mehr Respekt entgegenbringen.«

»Ihre Abhandlung verhilft einem wirklich zu der Erkenntnis, was für ein Glück wir haben, mit der Fünften Epochalen Offenbarung in Kontakt zu sein.«

»Ich finde es immer wieder sehr anregend, Ihren Bericht zu lesen, und mir wird jedes Mal eindringlich bewusst, was für eine wichtige Offenbarung uns gemacht worden ist. Wir, die wir das *Buch Urantia* gefunden haben und an es glauben, tragen eine große Verantwortung. Ihre Kommentare spornen mein Engagement für diese Sache immer wieder von Neuem an.«

Solche Kommentare scheinen uns den Wert des Projektes zu bestätigen. Ich danke Ihnen für Ihre bisherige Unterstützung und wünsche allen Arbeitern im Weinberg Gottes alles Gute.

März 1994

Vorwort zur zweiten Auflage

Das Vorhandensein einer zweiten Auflage zeigt, dass die erste erfolgreich war, und dafür danke ich Ihnen, den Lesern.

Die Reaktion auf diese Abhandlung war überwältigend positiv. Sie erreichte auch ihr Ziel, Berichtigungen, Kommentare und Erweiterungen zu einzelnen Ereignissen oder Aussagen zu Tage zu fördern.

Ich freue mich, Ihnen mitteilen zu dürfen, dass gegenüber der ersten Auflage nur zwei Korrekturen erforderlich waren. Sie sollen hier erwähnt sein, damit die Spezialisten unter Ihnen sich später nicht wundern.

Auf Seite 15 der Erstausgabe habe ich im zweiten Absatz den Satz über die »Taufe mit Freuden und Leiden« falsch zitiert.

Auf Seite 12 habe ich eine Erzählung wiederholt, der zufolge anderen Welten Entsprechungen zum *Buch Urantia* gegeben wurden. Wenn dies wahr ist, kann es sich erst vor sehr kurzer Zeit ereignet haben. Meinen Informationen nach sollen die Offenbarer der Kontaktkommission mitgeteilt haben, dass es in ganz Nebadon noch keine Erfahrung dieser Art gegeben habe. Die Erfahrung mit den Urantia-Schriften ist absolut einzigartig.

Beide Fehler wurden in der vorliegenden Auflage korrigiert. Alle weiteren Textänderungen sind auf das Bemühen zurückzuführen, die Geschichte zu erweitern oder zu verbessern.

Ich bin gefragt worden, ob ich mich moralisch und ethisch wohl damit fühle, diese Abhandlung geschrieben zu haben, oder anders gesagt, ob ich durch das Schreiben nicht irgendeine Geheimhaltungs- oder Vertraulichkeitspflicht verletzt habe. Darauf möchte ich antworten, dass das, was in meiner Abhandlung enthüllt wird, zum überwiegenden Teil schon woanders gedruckt erschien, wenn auch oft in entstellter Form. Ich habe es hier nur in dieser Aufmachung zusammengestellt, um zur Klärung beizutragen.

Die Geschichte verdient es, richtig und gut erzählt zu werden. Mir wurde zu verstehen gegeben, dass das Einzige, worüber nicht gesprochen werden sollte, das ist, worüber ich sowieso nichts weiß – die Identität des menschlichen Mediums und die Einzelheiten der Übermittlung der Urantia-Schriften. Ich sehe davon ab, über diese beiden Themen zu spekulieren; für intelligente Spekulationen fehlen einfach zu viele Informationen.

Aus Anlass dieser zweiten Auflage möchte ich verschiedenen Personen danken. Erstens Meredith Sprunger für die vielen Stunden, die er damit verbrachte, mir zu schreiben und mich zu besuchen, damit für diese Auflage Änderungen und Verbesserungen vorgenommen werden konnten. Meredith ist sicher einer der Menschen, die über die Geschichte der Urantia-Schriften am besten Bescheid wissen, und seine An- und Einsichten waren für diese Neuauflage ausgesprochen hilfreich.

Zweitens möchte ich Joe Pope für seine Hilfe danken. Joe hat ebenfalls die frühe Geschichte der Schriften erforscht und Kontakt zu mir aufgenommen, um mir mehrere nützliche Anregungen und Kommentare zukommen zu lassen.

Als Nächstes möchte ich Leonard Glen danken, der eine französische Ausgabe dieser Abhandlung herausbringt, Satu Sihvo, der an einer finnischen Ausgabe arbeitet, und Carlos Zapata, der über einer spanischen Ausgabe sitzt. Mein Dank gilt auch Lynne Kulieke dafür, dass sie mich bei verschiedenen Angelegenheiten im Zusammenhang mit dieser Abhandlung vertreten hat.

Zu guter Letzt möchte ich Pat Hilger danken, denn ohne ihre Ermutigung und Unterstützung wäre dieses Büchlein immer noch nicht geschrieben und veröffentlicht worden.

Kommentare und Anregungen, die der Verbesserung meiner Darstellung dienen, sind weiterhin willkommen.

März 1992

Diese kurze geschichtliche Darstellung ist weit davon entfernt, perfekt zu sein. Ich habe lediglich nach bestem Wissen und Gewissen versucht, fragmentarische Fakten, Wahrheiten, Vermutungen und gelegentlich auch halbe Gerüchte zu einem sinnvollen Ganzen zusammenzufügen. Manche Details sind gut belegt, andere nur zum Teil. Und genauso wie es beim Zusammensetzen der archäologischen Überreste alter Schreibtäfelchen oft der Fall ist, fehlen manche Stücke ganz.

Korrekturen, Ergänzungen und Kommentare sind auf jeden Fall willkommen, um diese Zusammenfassung für zukünftige Auflagen zu verbessern. Ich betrachte meine Darstellung nicht als abgeschlossen, und eigentlich frage ich mich, ob das je der Fall sein kann. Denn mit jedem Augenblick, der vergeht, lässt die Vergangenheit sich neu interpretieren. In Anbetracht des einzigartigen Themas gilt das für diese Darstellung ganz besonders. Sie ist kurz und knapp und wird in den kommenden Jahren nach und nach erweitert werden. Sehr viel mehr Informationen könnten vorgestellt werden, aber das würde den Rahmen meines Berichtes sprengen.

Meine Schilderung ist so exakt, wie sie angesichts der Umstände sein kann. Ich habe sie als jemand geschrieben, der an die Lehren des *Buches Urantia* glaubt und als Kind eines Forumsmitglieds aufwuchs. Ich stamme sogar aus einer recht großen Sippe von Forumsmitgliedern. Und ich wurde früh genug geboren, um – abgesehen von meiner Familie – die Mitglieder der Kontaktkommission und zahlreiche aktive Forumsmitglieder zumindest gesehen und gehört, in vielen Fällen sogar noch persönlich gesprochen zu haben.

Irgendwann werden viele Darstellungen zu den Urantia-Schriften verfasst werden, die insgesamt beim Leser für ein ausgewogeneres Bild sorgen. Jede Darstellung enthält *per se* die subjektiven Vorurteile und Interpretationen des Autors. Obwohl meine Informationen aus vielen Quellen stammen, spiegeln die Synthese und die Perspektive der Darstellung meinen Standpunkt wider.

Ich habe meine Meinungen und Überzeugungen zu verschiedenen Themen im Text offen ausgesprochen. Vor allem auf den letzten Seiten interpretiere ich sehr stark. Ich habe versucht, meine Meinungen und Überzeugungen deutlich als solche zu kennzeichnen. Aber zwangsläufig durchziehen sie die gesamte Struktur meiner Schilderung. Es ist daher wichtig zu erklären, welche Absichten diese verfolgt. Jeder, der eine Abhandlung schreibt, hat bestimmte Ziele im Sinn.

Eines meiner Anliegen besteht darin, ein Gespür für den Prozess zu vermitteln, durch den die Urantia-Schriften entstanden sind. Zweitens möchte ich ein Gefühl für die Menschen und den Zeitgeist in dieser Geburtsphase geben. Ich hoffe, so den Menschen, die heute für die Offenbarung arbeiten müssen, damit sie Erfolg hat, eine zusätzliche Perspektive zu eröffnen. Ich möchte, dass diejenigen, die meine Darstellung lesen und einem Großteil des Materials zum ersten Mal begegnen, mit mehr Zuversicht und Weisheit an die Zukunft herangehen. Mehr dazu finden Sie in den letzten Abschnitten meiner Darstellung.

Ich habe zumindest ab einem Alter von sechs Jahren Wahrnehmungen und Informationen zu diesem Thema in mich aufgenommen. Für den Inhalt meiner Darstellung bin ich sehr vielen Menschen zu Dank verpflichtet. Ich kann hier nur ein paar von ihnen nennen.

Zuallererst habe ich Barbara Kulieke für einen großen Teil der hier vorgestellten Informationen zu danken. Sie war an mehreren Projekten im Zusammenhang mit der Urantia-Geschichte beteiligt; zu den bemerkenswertesten gehört ihre Zusammenarbeit mit E. L. Christensen (Christy), mit der sie zwei Wochen an einer Darstellung schrieb, die Christy nie fertigstellte oder veröffentlichte. Barbara hatte Zugang zu Informationen, die nur wenige je gesehen haben.

Die vielen frühen Führer und aktuell Studierenden der Urantia-Schriften, denen ich den größten Dank schulde, sind in alphabetischer Reihenfolge: Clyde Bedell, Arthur Burch, Ruth Burton, Tom Choquette, E. L. Christensen, Edith Cook, Scott Forsythe, Vern Grimsley, Carolyn Kendall, David Kulieke, Lynne Kulieke, Marilynn Kulieke, Warren Kulieke, Geraldine Kulieke Hahn, Dr. William S. Sadler, Meredith Sprunger und Grace Stephens. Sehr vielen anderen Menschen bin ich für eine Äußerung oder eine Anekdote hier und da zu Dank verpflichtet. Es wäre mir unmöglich, sie alle hier aufzuführen.

Juli 1991

Teil I

Von oben nach unten – Gott neigt sich zu den Menschen hinab

Jesus sprach: »Dies ist der letzte Wille Dessen, der mich gesandt hat, dass ich von allen, die er mir gegeben hat, nicht einen verlieren möge.« (*S. 1711) – »Wenn ein gutherziger Mensch hundert Schafe hätte und eins von ihnen vom Wege abkäme, würde er dann nicht sofort die neunundneunzig anderen verlassen und das eine suchen gehen, das vom Wege abgekommen ist? Und wenn er ein guter Hirte ist, wird er dann das verlorene Schaf nicht solange suchen, bis er es gefunden hat?« (*S. 1762) – »Es ist nicht der Wille meines Vaters im Himmel, dass eines von diesen Kleinen vom Wege abkommt, und schon gar nicht, dass es umkommt.« (*S. 1762)

Und auf diese Weise wurde unser bescheidener, isolierter Planet Urantia, der »wirklich zu den geringsten der gesamten Schöpfung gehört«, zu einer Welt, die »für das Universum von großem Interesse war.« (*S. 466) – »Manchmal ist der Letzte der Erste, und der wahrhaft Geringste wird der Größte.« (* S. 466)

Der Universelle Vater und sein Sohn Michael bemühen sich derzeit ganz massiv, Urantia aus dem

---

Chaos der Rebellion herauszuführen und seinen progressiven Aufstieg zur himmlischen Herrlichkeit im Universum Nebadon zu ermöglichen.

Jesus sagte: »Der Vater weiß, was ihr braucht, noch bevor ihr ihn bittet.« (*S. 1577).

So kam es, dass im ersten Jahrzehnt des zwanzigsten Jahrhunderts, noch bevor ein materialistisches und weltliches Zeitalter seine grimmigste Ernte hielt, das Geschenk der Offenbarung erneut auf unsere verwirrte Erde hinabzuströmen begann.

Die ersten sichtbaren Regungen dessen, was zum *Buch Urantia* werden sollte, die Fünfte Epochale Offenbarung der Wahrheit für unsere Welt, setzten um die Wende zum zwanzigsten Jahrhundert und mit großer Sicherheit nicht später als 1906 ein.

Wie bei allen bedeutenden Ereignissen in der Geschichte kamen auch bei diesem Anfangsereignis viele Faktoren zusammen. Die Wurzeln der Fünften Epochalen Offenbarung reichten eigentlich in alle Abschnitte unserer planetarischen Geschichte hinein: in das adonitische Experiment, die Caligastia-Rebellion, den Adamischen Fehltritt, in die evolutionären Niederlagen und Misserfolge genauso wie in die Erfolge dieses Jahrmillionen dauernden Dramas, in die in höchster Not erfolgte Schenkung Melchizedeks und in die Schenkung durch Christ Michael vor zweitausend Jahren.

All diese Ereignisse bildeten das Entwicklungsbad, aus dem das *Buch Urantia* entstand.

Schon im Mittelalter (um 1200 n.Chr.) hatten die Vereinigten Mittlergeschöpfe von Urantia um eine Offenbarung der Art gebeten, wie das *Buch Urantia* sie später sein sollte.

Anscheinend wurde ihre Bitte schließlich erhört, auch wenn das Buch vielleicht einfach nur ein Ausdruck unseres Schicksals war. Wer kann schon sagen, wie viele menschliche Faktoren einflossen, wie viele andere Versuche zum Beginn des Offenbarungsvorgangs gestartet wurden, bevor die Himmlischen Inspektoren** Erfolg hatten?

Wir wissen, dass sie im zwanzigsten Jahrhundert sogar gleich mehrere Gruppen von Menschen beobachteten, um herauszufinden, ob sie sie auf dieses Offenbarungsabenteuer ansetzen sollten. Eine dieser anderen Kandidatengruppen war beispielsweise in Omaha im US-Bundesstaat Nebraska beheimatet.

** Der Begriff »Himmlische Inspektoren« wird im ganzen Text als Gattungsname verwendet und bezieht sich nicht auf diese spezielle Gruppe übermenschlicher Wesen.

Die übermenschlichen Administratoren haben bei jeder wichtigen Unternehmung Ersatzpläne. Es lohnt sich, diese Lektion zur Kenntnis zu nehmen: Das Schicksal kann verändert werden, und oft geschieht dies tatsächlich.

Wenn ein Verwalter die ihm anvertraute Begabung zur Wahrheit veruntreut, wird ihm auch die genommen, die er hat, und einem anderen gegeben (siehe S. 1876).

Unsere Himmlischen Inspektoren taten sich zusammen, um die Bedingungen für eine Offenbarung in Chicago/Illinois im Herzen des nordamerikanischen Kontinents zu schaffen.

Der britische Schriftsteller Rudyard Kipling sagte 1890 über diese Stadt: »Nachdem ich sie gesehen habe, verspüre ich den dringenden Wunsch, sie nie wieder zu sehen. Sie wird von Wilden bewohnt.« Der amerikanische Journalist und Lyriker Carl Sandburg bezeichnete sie als den »Schweinemetzger« der Welt, und als Stadt der Gangster und politischer Korruption wurde sie weltbekannt.

Aber alles Unappetitliche wurde überlagert von der Tatsache, dass sie mit einem himmlischen Besuch gesegnet wurde.

Vielleicht war es auch hier so, dass die Letzte zur Ersten wurde. (»Kann etwas so Gutes aus Nazareth kommen?«, *S. 1527.) Wahrscheinlich wurde Chicago aus den verschiedensten Gründen ausgewählt, ganz ähnlich wie Palästina als Rahmen für das Leben und die Lehren Jesu ausgesucht wurde.

Es dürften kaum Zweifel bestehen, dass mehrere menschliche Persönlichkeiten durch eine ihnen durchaus unbewusste himmlische Führung in der Absicht zusammengebracht wurden, den Kern der Gruppe zu bilden, die die Fünfte Epochale Offenbarung empfangen sollte. Diese Gruppe wurde schließlich als Kontaktkommission bekannt.

Der Vorgang begann wahrscheinlich in Battle Creek/Michigan, und schließlich kamen alle im Bereich von Chicago zusammen, zunächst im Vorort La Grange und wenig später im Diversey Parkway Nr. 533, einer Straße, die damals zum nördlichen Stadtrand Chicagos gehörte. Aber erst 1924 wurde die Kommission offiziell beauftragt.

Diversey Nr. 533 blieb während des über fünfzigjährigen Entwicklungsprozesses, der 1955 mit der Veröffentlichung des *Buches Urantia* seinen Höhepunkt fand, das Zentrum und der Geburtsort der Urantia-Schriften.

Ich bin überzeugt, dass Mittlergeschöpfe, studentische Besucher oder irgendwelche Übermenschliche jahrhundertelang Kontaktversuche unternahmen – teilweise vielleicht zum Üben und Justieren und wahrscheinlich in der stillen Hoffnung, ein ideales menschliches Medium zu finden, möglicherweise, um vorausschauende Gruppen zu gründen, aus denen schließlich eine wegweisende Offenbarung hervorgehen könnte, aber insgesamt koordiniert von einer transzendenten Realität, etwa dem Muttergeist des Lokaluniversums, dem Siebten Hauptgeist oder einem anderen Einfluss. Vielleicht sind solche Versuche im Sinne einer Selbstoffenbarung ständig weitergegangen.

Wie dem auch sei, ich glaube, dass für die letzten paar Jahrhunderte – vielleicht seit Emanuel Swedenborg oder sogar noch früher – ein abgestimmteres Vorgehen charakteristisch war.

Obwohl die Übermenschlichen (Mittlergeschöpfe) offenbar auf etwas von der Größe des *Buches Urantia* hofften, haben wir keinen Hinweis darauf, dass die ursprüngliche Bitte vor 1924 gehört oder erfüllt worden wäre.

Es könnte durchaus sein, dass die Erfahrung mit der Kontaktgruppe begann, ohne dass selbst die Übermenschlichen wussten, wie das letztendliche Ergebnis aussehen würde. Ich habe einige bruchstückhafte Informationen, die darauf hinweisen.

Über einen Inspektionsbesuch Tabamantias auf Urantia heißt es im *Buch Urantia*, er habe »vor nicht langer Zeit« stattgefunden (*S. 1189). Mir ist ein menschlicher Bericht bekannt, der darauf hindeutet, dass Tabamantia seinen Besuch um die Zeit des Ersten Weltkrieges herum abstattete und nach Inaugenscheinnahme der damals sich entwickelnden Kontakterfahrung den beteiligten Übermenschlichen ein paar »Ermahnungen und Anklagen« zu überbringen hatte. Es scheint jedenfalls plausibel zu sein, dass als Ergebnis seines Besuchs die Angelegenheit auf eine andere Basis gestellt wurde.

Wir wissen, dass Machiventa Melchizedek der Kontaktgruppe am 11. Februar 1924 den Plan verkündete, unter Beteiligung des seit etwa vier Monaten bestehenden sogenannten Forums die Urantia-Schriften zu verfassen.

Es ist durchaus möglich, dass rangniedere Wesen bis ungefähr zu dieser Zeit den Umfang des Projekts ebenfalls nicht kannten. Die Kontakterfahrung begann somit siebzehn bis fünfundzwanzig Jahre vor der offiziellen Ankündigung, Urantia werde die Fünfte Epochale Offenbarung geschenkt.

In Dr. Sadlers einschlägigem Buch *The Mind at Mischief* wird 1911 als Anfangsdatum genannt, was aber bekanntlich mehrere Jahre zu spät angesiedelt ist.

Vor dem offiziellen Beginn des Offenbarungsvorganges im Jahr 1924 existierten bereits zahlreiche Informationen und viele hundert Seiten schriftliches Material. Diese Informationen waren zwar allgemeinerer Natur, bildeten aber bis zu einem gewissen Grad für die Urantia-Schriften doch eine Grundlage. Einige Fakten und Wahrheiten, die im Buch enthalten sind, finden sich auch in diesem früheren Material.

Die Kontaktgruppe musste unter Führung der Übermenschlichen viele Jahre zusammenarbeiten, lernen, Erfahrungen machen, Möglichkeiten durchspielen und wachsen, bevor das Hauptgeschehen einsetzte. Ich nehme an, dass diese früheste Phase für die Beteiligten intellektuell und psychisch ziemlich chaotisch war.

Und wir wissen, dass mit dem Fortschreiten des Offenbarungsprozesses auch die Mittlergeschöpfe selbst sehr viele Fakten und Wahrheiten über das Universum lernten.

Dr. Sadler sagte über diese frühe Phase: »Unsere übermenschlichen Freunde verbrachten so mehr als zwei Jahrzehnte mit der Ausdehnung unserer kosmischen Horizonte. Sie erweiterten unsere theologischen Vorstellungen und unsere gesamte Philosophie. Uns wurde erst klar, wie sehr unser religiöses Denken erweitert worden war, als die Schriften anzukommen begannen. Im weiteren Verlauf der Offenbarung lernten wir intensiver zu schätzen, wie wir durch diese einleitenden Kontakte, die sich über einen Zeitraum von zwanzig Jahren erstreckten, auf die ungeheure Veränderung unserer religiösen Überzeugungen vorbereitet worden waren.«

Als Beispiele für die Erfahrungen der Gruppe erwähnt Dr. Sadler unter anderem Folgendes:

»Wir hörten etwas über Gedankenjustierer, aber unsere Vorstellung von der Bedeutung des Begriffes war vage und unbestimmt.«

»Wir hatten eine verschwommene Vorstellung von der Morontia-Ebene des Seienden erworben – aber das Wort Morontia hörten wir erst, als es mit den Schriften losging.«

»Wir vernahmen Einiges über die Luzifer-Rebellion, bekamen aber kaum Informationen über Adam und Eva.«

Zur Kontaktgruppe, die später als Kontaktkommission bekannt wurde, gehörten mindestens sieben Personen und möglicherweise noch ein paar mehr. Zu den namentlich bekannten zählen Dr.

William S. und Dr. Lena Sadler, ihrer beider Sohn William S. Sadler (Bill), Wilfred und Anna Kellogg (Lenas Schwester), ihrer beider Tochter ***Ruth und Emma L. Christensen (Christy).

Ein Forumsmitglied glaubt, dass vor 1920 noch ein weiterer Arzt teilgenommen hat, wahrscheinlich Meyer Solomon.

Wenn von diesen acht Personen keine das menschliche Medium war, müssen wir von einem unbekannten neunten Gruppenmitglied ausgehen. In den allerersten Jahren, als Dr. Sadler diese Phänomene wissenschaftlich sehr gründlich prüfte, könnten andere Personen dazugehört haben, die heute nicht mehr bekannt sind.

Dr. Sadler bestätigte, sich in den ersten Jahren mit mehreren anderen Personen besprochen zu haben, nämlich Howard Thurston, einem berühmten Trickkünstler, der viel Zeit damit verbrachte, betrügerische Medien und Sensitive zu entlarven, und Sir Hubert Wilkins, einem bekannten Wissenschaftler und Forscher, der sich für die Untersuchung parapsychologischer Phänomene interessierte. Ich habe sogar sagen gehört, er habe in dieser

---

*** Es ist nicht bekannt, ob Ruth tatsächlich ein Mitglied der Kontaktkommission war. Da ich glaube, dass alle Familienmitglieder beteiligt waren, habe ich beschlossen, sie dazuzurechnen.

Angelegenheit auch Harry Houdini konsultiert, den berühmten Entfesselungskünstler.

Da die Kontaktgruppe jedoch erst 1924 offiziell beauftragt wurde, dürften diese anderen Personen kein integraler Bestandteil der Kontaktkommission gewesen sein.

Die meisten fleißigen Studierenden des *Buches Urantia* wissen, dass die Identität des menschlichen Mediums nie offenbart wurde. Das Buch identifiziert dieses Medium nur als männlich. Manche glauben, seine Identität zu kennen, und mit viel Gefühlsüberschwang sind diesbezüglich einige Meinungen geäußert worden.

Tatsache ist, dass sowohl die menschlichen als auch die übermenschlichen Teilnehmer ihre Spuren ausreichend verwischt zu haben scheinen. Eine Gewissheit über die Identität des Mediums kann es nicht geben – nur Vermutungen.

Die Wurzeln reichen zu tief in die Vergangenheit zurück, als dass irgendjemand es wissen könnte. Selbst die allerersten Forumsmitglieder betraten die Bühne erst, als die ganze Angelegenheit schon seit zwanzig Jahren im Gang war – reichlich Zeit für die Kontaktkommission, diesbezüglich ihre Schäfchen ins Trockene zu bringen und alle von der richtigen Spur abzulenken.

Wir wissen, dass das ihre Absicht war, denn der Kommission war von den Offenbarern gesagt worden: »Für die nächsten tausend Jahre wollen wir nicht, dass ein heiliger Petrus, ein heiliger Paulus, Luther, Calvin oder Wesley mit dem *Buch Urantia* in Verbindung gebracht wird.«

Wir können uns mit ziemlicher Sicherheit ausrechnen, dass die Kontaktkommission aus Mitgliedern des Reservekorps des Schicksals bestand. In Bezug auf Dr. Sadler und Christy (E. L. Christensen) wurde dies allgemein bekannt.

Es scheint selbstverständlich zu sein, dass in Anbetracht der Größenordnung des Projektes, in das sie eingeweiht wurden, alle Mitglieder der Gruppe Reservisten gewesen sein müssen.

Leiter der Kontaktkommission war Dr. William Sadler – wobei seine Frau Lena (analog zu dem im *Buch Urantia* offenbarten Modell) bis zu ihrem Tod im Jahr 1939 als Co-Leiterin fungierte.

Dr. Sadler besaß eine Ausbildung als Chirurg und Psychiater, war also wissenschaftlich veranlagt und scheint medialen Phänomenen generell skeptisch gegenübergestanden zu haben. Im Falle des Offenbarungskontakts und der Urantia-Schriften prüfte, sondierte und studierte er viele Jahre.

Dr. William S. Sadler, ca. 1914

Dr. Lena Celestia Kellogg Sadler

Bei seinen Recherchen war er so gründlich, dass die Mittlergeschöpfe sogar ein bisschen gereizt reagierten. Er war daher perfekt dazu geeignet, einen Fall von echter Offenbarung abzuwickeln.

Dr. Sadler probierte alles aus, was er kannte, um entweder das menschliche Medium oder die Übermenschlichen auszutricksen. Er ließ in dieser Hinsicht keine Möglichkeit ungenutzt. Im Anhang zu *The Mind at Mischief,* das 1929 zum ersten Mal veröffentlicht wurde, räumte er ein, dies sei einer der beiden einzigen Fälle, die er für echte Offenbarungen hielt. (Den vollständigen Text aus *The Mind at Mischief* können Sie hier als Anhang A nachlesen.) Es wurde spekuliert, Ellen White sei der andere angesprochene Fall, eine Mitbegründerin der Adventisten des Siebenten Tages, die zu ihren Lebzeiten über fünftausend Artikel und vierzig Erbauungsbücher veröffentlichte.

In einer Zeit, in der das Interesse an Phänomen dieser Art groß war, verbrachte Dr. Sadler viele Jahre damit, verschiedene Medien und Mystiker seiner Zeit zu entlarven.

Obwohl Dr. Sadler den Urantia-Kontakt von einem relativ frühen Zeitpunkt an *vorläufig* für echt hielt, war er sich erst etwa dreißig Jahre später in dieser Hinsicht vollkommen sicher.

Emma Louise Christensen, Dr. Lena Sadler,
Dr. William S. Sadler, Bill Sadler Jr.

533 Diversey Parkway, Chicago, IL

Insbesondere die Schrift über die zwölf Apostel überzeugte ihn endgültig.

Dr. Sadler schrieb: »Ich bin Psychiater und glaube, dass ich mein Handwerk verstehe, aber diese Schrift versetzte meinem Stolz einen echten Schlag. Ich war davon überzeugt, dass ich, selbst wenn ich ein halbes Dutzend Psychiater als Helfer gehabt und mich jahrelang hätte vorbereiten können, niemals einen Text hätte erfinden können, der so authentisch und einsichtig klingt.

Also sagte ich mir: ›Ich weiß nicht genau, was es ist, aber ich weiß, dass es das qualitativ beste philosophisch-religiöse Material ist, das ich je gelesen habe.‹«

Nur die Kontaktkommission kannte die Identität des menschlichen Mediums und bestimmte Einzelheiten der Übermittlung. Trotzdem erklärte sie, sogar ihr Wissen über den Kontaktprozess habe viele Lücken, und es sei unmöglich, den Anteil der einzelnen Mitglieder ganz zu verstehen.

Aber egal, wie die Kontakterfahrung begonnen haben mag, sie umfasste schließlich viele Formen des Kontakts und mehrere Personen; aufgrund der mir vorliegenden Indizien muss mindestens Folgendes dazugehört haben:

1) Der im *Buch Urantia* und in *The Mind at Mischief* beschriebene Kontakt, bei dem das Medium völlig ohne Bewusstsein war und hörbar zu den Anwesenden sprach.

2) Wie unter 1) beschrieben, außer dass das menschliche Medium das von den Übermenschlichen durch es hindurchgelenkte Material nicht aussprach, sondern in einem Zustand ohne Bewusstsein oder halbbewusst niederschrieb. Dieser Vorgang sollte jedoch nicht mit automatischem Schreiben verwechselt werden. Dr. Sadler bestritt, dass etwas stattfand, das dem automatischen Schreiben oder sonstigen automatischen Phänomenen vergleichbar gewesen wäre.

3) Bewusstes geführtes Schreiben. Eine andere Person als das menschliche Medium, die ebenfalls Mitglied der Kontaktgruppe war, empfing innere Impulse für Worte und Bedeutungen, die ihr bewusst waren und die sie dann niederschrieb, ohne dass sie von anderen gehört oder bemerkt wurden. Auf diese Weise scheinen einige der Anweisungen zustande gekommen zu sein. Es würde mich nicht überraschen, wenn alle Mitglieder der Kontaktkommission diese Fähigkeit gehabt hätten.

4) Geführter auditiver Kontakt zwischen den Mitgliedern der Kontaktkommission und den übermenschlichen Offenbarern.

5) Materialisierung, Entmaterialisierung und Bearbeitung materiell vorhandener Schriften durch Übermenschliche.

6) Sichtbarmachung des Unsichtbaren. Die Kontaktkommission war in der Lage, seraphische Transporte zu sehen. Sie war Zeuge, wie ein seraphischer Zug über den Michigan-See fuhr. Urantia war einfach eine Anschlussstelle für diesen seraphischen Zug, der die zu rettenden Personen eines dem Untergang geweihten Planeten aufgenommen hatte und zu einer neuen Welt unterwegs war, auf der er seine menschliche Fracht absetzte.

7) Visionen. Dr. Sadler war in der Lage, noch vor seinem Tod die Räume im Hause des Vaters zu schauen. Offenbar wurde auch mit Spiegelphänomenen gearbeitet, damit er bestimmte, weit von ihm entfernte Ereignisse auf der Erde sehen konnte.

Die Punkte 1) und 2) scheinen eng miteinander verflochten zu sein und bildeten die vorherrschende Form, die für den eigentlichen Text der Urantia-Schriften benutzt wurde.

Im Hinblick auf Punkt 2) sollte auch festgehalten werden, dass es immer noch ein Geheimnis ist, wie der eigentliche Schreibprozess vor sich ging.

Obwohl Dr. Sadler sich in *The Mind at Mischief* auf die schriftlichen Botschaften der Kontaktperson bezieht, haben Handschriften-Experten herausgefunden, dass das schriftliche Material nicht in der Handschrift des menschlichen Mediums oder der Personen um es herum verfasst ist. Die Kontaktgruppe spekulierte, die Schrift könne möglicherweise die eines sekundären Mittlergeschöpfes sein. Klar ist, dass unterbewusste automatische Phänomene nicht zu diesem Vorgang gehörten.

Dr. Sadler erwiderte einer Gruppe von Geistlichen, die ihn 1958 nach der Herkunft der Urantia-Schriften befragten: »Das Verfahren beim Empfang des *Buches Urantia* auf Englisch hat weder Entsprechungen zu den Phänomenen des Schwellenbewusstseins noch Auswirkungen darauf.«

Die obige Übersicht macht deutlich, dass die Erfahrung mit den Übermenschlichen ein tiefgreifender, komplexer, multidimensionaler und sich entwickelnder Prozess war. Die Mitglieder des Forums, das sich 1923 gründete, erfuhren viel über den Kontaktprozess, aber nicht so viel wie die Kontaktkommission.

Teil II

Von unten nach oben – der Mensch strebt zu Gott

Die Kontakterfahrung war ausgesprochen fruchtbar. Sie wurde immer breiter und florierte über eine Reihe von Jahren hinweg, während auch die Kontaktkommission orientiert wurde, ständig dazulernte und ihre Weisheit und ihre Spiritualität entwickelte.

Zusätzlich zur eigentlichen Präsentation des Textes für das *Buch Urantia* wurden natürlich viele Anweisungen gegeben und zahlreiche Gespräche mit den Offenbarern geführt. Über den größten Teil dieses ergänzenden Materials werden wir nie etwas erfahren, denn von Zeit zu Zeit wurde es vernichtet – wenn es nicht mehr für erforderlich gehalten wurde oder aus anderen Gründen. Einiges wurde von den Offenbarern vor der Veröffentlichung vernichtet, oder sie ordneten an, die Kontaktkommission solle es vernichten. Weiteres Material fand beim Tod Dr. Sadlers den Weg in den Reißwolf. Christy autorisierte die Vernichtung der verbliebenen Reste im Endstadium ihrer tödlichen Krankheit. Nur Fragmente dieser zahlreichen Austauschvorgänge sind in anderem schriftlichen Material oder den privaten Briefen oder Notizen einiger Personen noch vorhanden.

Wir müssen uns klar machen, dass die Kontakterfahrung einerseits sehr tiefgehend und fesselnd, anderseits oft auch sehr persönlich, informell und reichlich mit Humor versetzt war. Denken Sie zum Vergleich an den Morontia-Jesus, der seine Apostel am Strand des Sees von Galiläa besucht, mit ihnen frühstückt und scherzt.

Die Mittlergeschöpfe und die Seraphim (Engel) benutzten oft einen trockenen Humor und eine saloppe menschliche Umgangssprache. Viele ihrer Äußerungen waren strikt auf die Umstände beschränkt, in denen sie agierten, denn sie äußerten Kommentare zu Staaten, Führungspersönlichkeiten, politischen Parteien, Organisationen, Persönlichkeitstypen und dergleichen mehr.

So missbilligten sie den 1919 unterzeichneten Versailler Vertrag. 1927 erwähnten sie, Urantia sei als zivilisierter Planet anerkannt. Im Zweiten Weltkrieg ergriffen sie offensichtlich Partei.

Sie sprachen über die Dinge, die sie mochten, die sie verwirklicht sehen wollten, und erörterten ihre Probleme mit Humor.

Das *Buch Urantia* ist eine formelle Aussage mit der Absicht, von Millionen gesehen und studiert zu werden. In Alltagsdialogen waren die Übermenschlichen selten so formell, und einige Mitteilungen zeigten offensichtlich einen zwangloseren Schreib- und Sprachstil.

Aber je höher der Persönlichkeitstyp, desto formeller und ernster konnten sie uns erscheinen.

Wenn alle Leser des *Buches Urantia* die komplette Schilderung der Kontakterfahrung kennen würden, würde ein gewisser Prozentsatz von ihnen durch manche Aktivitäten der Übermenschlichen wahrscheinlich verstört werden.

Das könnte daran liegen, dass die Übermenschlichen eine persönliche Beziehung zu den Kontaktbeauftragten unterhielten. Sie waren und sind bereit, ihr Wissen nach unten weiterzugeben und Kontakt mit uns zu halten, egal wo wir sind, uns an die Hand zu nehmen und uns auf dem Weg ein Stück weiterzubringen.

Da jeder Mensch einzigartig ist, haben die Übermenschlichen zu jedem Menschen eine einzigartige Beziehung. Wir alle haben viele unbewusste Urteile und Meinungen darüber, wie Übermenschliche sich zu betragen und verhalten haben. Deshalb könnten die Realitäten des Kontakts zu den Übermenschlichen bei vielen oder den meisten von uns Kritik, Verwirrung, Verärgerung und Bestürzung auslösen. Das könnte auch verhindern, dass wir selbst einen solchen Kontakt erleben.

Ein oft übersehener Faktor ist wahrscheinlich die Tatsache, dass nicht nur Dr. Sadler, sondern die gesamte Kontaktkommission nicht zu mystischen oder übersinnlichen Erfahrungen neigte. Obwohl sie ein halbes Jahrhundert lang einige ausgesprochen ungewöhnliche Begebenheiten erlebte und bezeugte, hat sie diese Erlebnisse nicht aktiv erbeten. Sie konnte die Kontakterfahrungen nie von sich aus in Gang setzen oder irgendetwas tun, um die Wahrscheinlichkeit eines Kontakts zu erhöhen. Im Gegenteil, sie verbrachte einen Großteil ihrer Zeit damit, den ganzen Vorgang anzuzweifeln.

Der Antrieb und die Kontrolle lagen ausschließlich in den Händen der Übermenschlichen. Die Kontaktkommission war nicht in der Lage, irgendetwas Ungewöhnliches in die Wege zu leiten – ihre Mitglieder waren im Grunde passive Empfänger dieses höchst ungewöhnlichen Projekts. Sie hatten ihre aktiven Rollen, aber ihre Aktivitäten waren menschlich und normal, nicht mystisch. Und sie blieben allem Okkulten oder Ungewöhnlichen gegenüber skeptisch.

Sie erlebten die einzigartige Abwicklung einer *epochalen* Offenbarung, ohne sich für die vielen Episoden *persönlicher* Offenbarung zu interessieren (viele davon nicht weniger authentisch oder teilweise authentisch), die ständig um uns herum stattfinden.

Obwohl die Kontaktkommission die Schnittstelle zu den Übermenschlichen bildete und die eigentliche Hüterin der Urantia-Schriften war, bestand die Methodik der Offenbarer darin, eine größere Gruppe von Menschen einzusetzen. Diese Gruppe war das Forum, das für die Entstehung der Offenbarung eine ganz entscheidende Rolle spielte.

Dies war ein evolutionärer Prozess, dessen Grundlage das Verständnis und die Erfahrung von Menschen bildete.

Jede Offenbarung muss sich auf den Entwicklungsstand der Menschen herunterbegeben, wenn sie effizient sein soll.

Die Übermenschlichen brauchten die Menschen des Forums genauso, wie diese Menschen himmlische Führung brauchten.

Das Forum wurde von Dr. Sadler gegründet, der »ein paar Freunde« sonntagnachmittags zu sich nach Hause einlud, um interessante, aktuelle Themen aus den Bereichen Religion, Philosophie, Psychologie und Wissenschaft zu diskutieren. Es bestand wahrscheinlich rund ein Jahr, ohne dass von der Offenbarung etwas einfloss. Seine Mitglieder hatten daher schon eine gewisse Eigendynamik in Gang gesetzt, bevor sie über den (aus der Sicht der Übermenschlichen) wahren Zweck der Zusammenkünfte unterrichtet wurden.

Als ihnen im Dezember 1924 der Auftrag durch Melchizedek offenbart wurde, erfuhren sie von ihrer Rolle bei dem Geschehen.

Eines Sonntags fragte ein Forumsmitglied Dr. Sadler, was er von einem spiritistischen Medium hielte, das in einem der örtlichen Theater auftrat. Er erwiderte, er hätte viele dieser Medien untersucht und festgestellt, dass sie entweder unredliche Schwindler oder ehrliche, aber einer Selbsttäuschung erlegene Menschen wären, deren Unterbewusstsein sie zu dem Glauben verleitete, sie würden Informationen aus der Geisterwelt erhalten. Dann fügte er hinzu: »Es gibt ein Medium, aus dem ich allerdings noch nicht schlau geworden bin.«

Die Gruppe wollte natürlich etwas über diesen Menschen wissen, der die Kontaktpersönlichkeit für die Urantia-Schriften war.

Dr. Sadler teilte einige der Informationen mit, die er im Laufe der Jahre erhalten hatte, oder – wie Lena Sadler sagte – »er packte aus«.

Ungefähr zur gleichen Zeit forderte eine Persönlichkeit, die sich als studentischer Besucher der Erde ausgab, die Kontaktkommission mit den Worten heraus: »Wenn ihr wüsstet, mit wem ihr in Kontakt wärt, würdet ihr nicht solche banalen Fragen stellen. Ihr würdet eher solche Fragen stellen, die Antworten von höchstem Wert für die menschliche Rasse auslösen könnten.«

Dem Forum wurde also diese Anregung gegeben, und die Mitglieder begannen, Fragen zu unterbreiten. Dr. Sadler brachte die Fragen in ein System. Die erste Frage, die vorgelegt wurde, lautete: »Gibt es einen Gott; und wenn ja, wie ist er?«

Die Schriften trafen ein.

Es entwickelte sich folgendes Vorgehen: Jeden Sonntagnachmittag lasen sie eine Schrift. Gewöhnlich wurde sie ihnen von einem Mitglied der Kontaktkommission vorgelesen, im Allgemeinen Dr. Sadler. Sie schrieben alle Fragen auf, die ihnen in den Sinn kamen, und reichten sie jede Woche ein. Normalerweise war Mr. Kellogg für das Einsammeln zuständig. Diese Fragen wurden anschließend gesichtet, geordnet, und Doppeltes wurde aussortiert.

Die übermenschlichen Offenbarer überlegten sich dann Antworten, die in eine nachfolgende Schrift oder in eine Bearbeitung der ursprünglichen Schrift aufgenommen wurden. Auf diese Weise wuchs eine Abhandlung über Gott sich schließlich zu fünf Abhandlungen über Gott aus – die ersten fünf Schriften im Buch.

Ganz ähnlich erweiterten sich auch noch andere Teile, wenn die Übermenschlichen die Reaktion der Menschen auf ihr Material überwachten.

Bald nachdem die Urantia-Schriften einzutreffen begonnen hatten, verlangten die Offenbarer, dass das Forum zu einer geschlossenen Gruppe wurde.

Jedes Mitglied wurde gebeten, ein Gelöbnis zu unterzeichnen, das wie folgt lautete:

»Wir bestätigen unser Gelöbnis der Geheimhaltung und erneuern unser Versprechen, die Urantia-Offenbarungen oder ihre Themen mit niemandem außer aktiven Forumsmitgliedern zu diskutieren und keine Notizen über dieses Material zu machen, wenn es bei den Zusammenkünften des Forums verlesen oder diskutiert wird, oder Kopien oder Notizen von dem anzufertigen, was wir persönlich gelesen haben.«

Mitgliedsausweise wurden ausgegeben, und es stellte sich heraus, dass die Zahl der Gründungsmitglieder sich auf dreißig belief. Das Forum »bestand schließlich aus akademisch gebildeten Männern und Frauen – Ärzten, Juristen, Zahnärzten, Geistlichen, Lehrern – sowie Personen aus allen gesellschaftlichen Schichten – Farmern, Hausfrauen, Sekretärinnen und Hilfsarbeitern.«

Forumsversammlung, ca. 1949

Wilfred C. Kellogg

Offenbar hatten die Übermenschlichen mehrere Jahre lang eine gewisse Aufsicht über die Zulassung neuer Forumsmitglieder, bevor diese Verantwortung an Dr. Sadler delegiert wurde.

Die Originalschriften waren von Hand geschrieben. Die Kontaktkommission wurde angewiesen, diese Schriften abtippen und sorgfältig überprüfen zu lassen. Jedes Mal, wenn das geschehen war, schloss man die handschriftlichen Originale in einem Tresor ein – und dort verschwanden sie.

Viele Tests wurden nun durchgeführt. Einer bestand darin, dass Zehn-Dollar-Scheine zwischen die Blätter gelegt wurden; wie sich herausstellte, verschwanden die Originalpapiere, die Geldscheine blieben aber im Tresor zurück.

Die Übermenschlichen gaben an, sie hätten wenig Verwendung für Geld.

Die Interaktion und der Dialog mit den Menschen war für die übermenschlichen Offenbarer ein echter Härtetest. Auch wenn sie uns noch so gut kennen – ohne diese Interaktion hätten sie unsere Gedanken, Taten und Reaktionen nicht zur Gänze voraussehen können.

So bildete das menschliche Verständnis die Basis der Urantia-Schriften.

Wie oft haben Sie nicht schon einen Absatz gelesen und eine Frage formuliert, nur um festzustellen, dass sie im nächsten oder übernächsten Abschnitt beantwortet wurde? Der rote Faden für den Ursprung des Buches ist also ein gemeinsamer kreativer Prozess: Die Menschen fragen, und die Übermenschlichen antworten.

Wie das *Buch Urantia* auf den Seiten 16/17 sowie auf Seite 1343 erwähnt, flossen sehr viele bereits früher zum Ausdruck gebrachte menschliche Vorstellungen in das offenbarte Material ein und wurden mit ihm verwoben.

Die Offenbarer nehmen auf mehrere tausend menschliche Ideen oder Äußerungen Bezug, die auf diese Weise benutzt wurden.

Matthew Block, ein in Chicago beheimateter Student des *Buches Urantia*, hat umfangreiche Nachforschungen angestellt und – ganz abgesehen von so offensichtlichen wie der *Bibel* – viele der in den Urantia-Schriften verwendeten Quellen gefunden. Er hat wahrscheinlich die umfassendste Forschung zu vergleichenden Studien dieser Art betrieben und so eine sehr wichtige Form der Untersuchung der Schriften durchgeführt.

In seinem Aufsatz »Some Human Sources of the Urantia Book«, der 1993 in der Frühjahrsausgabe der Zeitschrift *The Spiritual Fellowship Journal* erschien, erklärt Matthew das Wesen und die Wirkung der Aufnahme menschlicher Quellen in die Urantia-Schriften:

»Bislang habe ich in rund fünfzig Urantia-Schriften Parallelen aufgespürt. Schon allein ein Buch des Yale-Professors E. Washburn Hopkins, *Origin and Evolution of Religion,* kommt in zwölfen vor. Ich schätze, dass vor 1936 veröffentlichte Schriften in etwa einem Drittel der Teile I und II und in mindestens zwei Dritteln der Teile III und IV verwendet werden. Die meisten dieser Arbeiten werden wahrscheinlich in den nächsten paar Jahren gefunden werden. Irgendwann werden wir in der Lage sein, das ganze *Buch Urantia* danach aufzuschlüsseln, welche Teile pure Offenbarung sind und welche nicht.

Und noch einmal: Das wird nicht allzu schwierig sein, weil die Offenbarer wörtliche Anleihen zwar sorgfältig vermieden haben, aber nicht versuchten, ihre Quellen dadurch zu verbergen, dass sie sich von den menschlichen Originalausdrücken weit entfernten.

Diese Feststellungen sind für ernsthafte Leser des *Buches Urantia* sehr wichtig. Sie erhärten nicht nur die Kenntnisse der Offenbarer weiter, sie lösen auch neue Einsichten in das aus, was diese Offenbarung wirklich ist und wie menschliche und übermenschliche Stimmen und Standpunkte bei ihrer Entstehung zusammenkamen.

Wenn wir ein besseres Verständnis dafür entwickeln, wie originell dieses Buch (in seiner Funktion als reine Offenbarung) ist und wie sehr es sich (in seiner Funktion als Neuinterpretation menschlicher Vorstellungen und Äußerungen durch Übermenschliche) ableiten lässt, erkennen wir besser, wie die Offenbarung sich im Hinblick auf die evolutionären menschlichen Wissens-, Weisheits- und Glaubensvorstellungen positioniert.

Dabei hat mich die Erfahrung gelehrt, dass ich mit meinem Gefühl für diese Positionierung gelegentlich schief gelegen hatte, weil ich über das Gedankengut zu Beginn des zwanzigsten Jahrhunderts nichts wusste oder es unterschätzt hatte.

Wenn eine in den Schriften präsentierte Vorstellung oder Information mir nicht vertraut war, habe ich – vor allem wenn sie mir als besonders schön, brillant oder prägnant auffiel – im allgemeinen angenommen, sie würde im *Buch Urantia* zum ersten Mal genannt, und mir kaum klargemacht, dass einige Menschen früherer Generationen sie in der einen oder anderen Form bereits gekannt und geäußert haben könnten.

Aber als ich mich mit den gedanklichen Trends

dieser und anderer Zeiten intensiver beschäftigte und weitere menschliche Quellen entdeckte, wuchs meine Wertschätzung für die höheren Bereiche des menschlichen Denkens, die sich in diesem Buch spiegeln, und ich kann jetzt anfangen, der menschlichen Seite der Urantia-Schriften gerecht zu werden.

Parallel zu dieser vermehrten Anerkennung für die menschliche Komponente des Buches ist mir bewusst geworden, wie brillant die Offenbarer diese Quellen bearbeitet haben, um ihre Absichten deutlich zu machen.

Beim Vergleich des Quellenmaterials mit den entsprechenden Abschnitten im *Buch Urantia* bin ich immer wieder beeindruckt von der genialen Fähigkeit der Präsentatoren, menschliche Beobachtungen nahtlos mit offenbarenden Ergänzungen oder Korrekturen zu verbinden. Immer wieder erweisen sie sich als geschickte und kreative Bearbeiter bei der schwierigen Aufgabe, dem Originalausdruck treu zu bleiben und ihn gleichzeitig leicht zu verändern, damit die umformulierten Sätze sich stärker mit den offenbarten Lehren decken.«

Bislang hat Matthew rund fünfunddreißig als Quelle dienende Bücher gefunden, die insgesamt Teilen von etwa fünfzig Urantia-Schriften entsprechen. Matthew plant, eine Reihe von Aufsätzen über seine Ergebnisse in wichtigen Urantia-Zeitschriften zu publizieren und schließlich ein Buch zu dem Thema zu veröffentlichen.

Es sieht so aus, als würde die Forschung, die zu vielen dieser menschlichen Quellen erst begonnen hat, in den kommenden Jahren zu zahlreichen weiteren Einsichten führen.

Der Prozess aus dem Zusammenspiel von Frage, Antwort und Studium dauerte etwa fünf Jahre und führte schließlich zu siebenundfünfzig Schriften. Aber er war damit nicht zu Ende. Zwischen 1929 und 1935 wurde das Buch um eine weitere Generation menschlichen Verständnisses erweitert.

Nach der jahrelangen Lektüre von Schriften, dem ersten Entwurf der Teile I bis III, wurde dem Forum gesagt:

»Mit eurem besseren Verständnis, das sich aus dem Lesen und Studieren des Materials ergeben hat, könnt ihr jetzt intelligentere Fragen stellen. Wir werden das Buch noch einmal durchgehen.«

So wurde das Buch Woche für Woche und Jahr für Jahr bearbeitet und erweitert, und die Forumsmitglieder lernten und wuchsen.

Verschiedene Forumsmitglieder haben berichtet, ein Teil des Offenbarungsmaterials sei zurückgerufen worden – entweder weil es für den menschlichen Verstand einfach zu unverständlich war, oder weil es für das Beste gehalten wurde, der künftigen Leserschaft die Information nicht zu enthüllen.

Abgesehen von der Tatsache, dass es ihre Entscheidung war, die Schrift zurückzuziehen, wurden dafür kaum Erklärungen gegeben.

Andere Schriften wurden bearbeitet, nachdem sie dem Forum vorgelesen worden waren. In einer Schrift hieß es zum Beispiel, für einen Juden hätte der Apostel Nathaniel ziemlich viel Humor gehabt. Dieser Kommentar brachte die Forumsmitglieder zum Lachen. Als sie die Schrift das nächste Mal aus dem Tresor holten, entdeckten sie, dass der Ausdruck »für einen Juden« gestrichen worden war.

Die Reaktion der Menschen auf das Material wurde offenbar genau beobachtet. Mindestens ein Forumsmitglied glaubte, mehrere der schwierigsten Schriften wären ohne die von William S. Sadler jr. formulierten Fragen nicht ins *Buch Urantia* aufgenommen worden.

Das Material ist vom kollektiven Geist der Menschen geprägt, aus denen das Forum während der Geburtsphase bestand (sowie der fortschrittlich denkenden Menschen, die ihre Gedanken in der jüngsten Vergangenheit niedergeschrieben hatten).

Dr. Sadler sagte in einer Schrift, etwa einhundertfünfzig Personen hätten an diesem schöpferischen Prozess teilgenommen. In einem anderen Dokument erwähnt er dreihundert Menschen, während er die Gesamtzahl der Forumsmitglieder mit 486 angibt. Die ursprüngliche Gründungsurkunde führt dreißig Mitglieder auf.

Damals wie heute war es eine bunte Mischung von Menschen mit unterschiedlichem Hintergrund; es gab die Hundert-Prozent-Engagierten, die Gleichgültigen und sogar ein paar, die auf die ganze Sache negativ reagierten.

Mit dem Strom der Ereignisse in einem Menschenleben sind über die Jahre hinweg einige ausgestiegen, andere aus der Stadt weggezogen, und manche sind gestorben und in die geistige Welt gewechselt.

Bis 1934 und 1935 war der Entstehungsprozess der ersten drei Teile des *Buches Urantia* im Wesentlichen abgeschlossen. Eine dritte und letzte schöpferische Runde wurde zwischen 1935 und 1942 unternommen, um Vorstellungen zu klären und Zweideutiges zu entfernen.

Es ergaben sich offenbar nur kleinere Bearbeitungen durch die übermenschlichen Offenbarer.

Um 1935 empfing das Forum die Jesus-Schriften von den Mittlergeschöpfen, die auf eine Genehmigung von Uversa gewartet hatten, bevor sie die Geschichte in Angriff nahmen.

Die letzte Klärungs- und Bearbeitungsphase zwischen 1935 und 1942 scheint Teil IV enthalten zu haben. Dieser Teil ist undatiert.

Niemand hat gesagt warum. Ich glaube, es liegt daran, dass die Teile I bis III eine Kosmologie enthalten, die irgendwann überholt sein wird und dann eine Revision benötigt.

Teil IV dagegen enthält »historische Fakten und religiöse Wahrheiten«, die »in den Registern zukünftiger Zeitalter weiterbestehen werden« (*S. 1109). Ihr Entstehungsdatum braucht nicht festgehalten zu werden.

Eine der dramatischsten Episoden betrifft die Geschichte, in der die Vereinigten Mittlergeschöpfe sich darauf vorbereiten, das Leben und die Lehren Jesu zu präsentieren.

Sie hatten an dieser Erzählung lange gearbeitet. Trotzdem waren die Mittlergeschöpfe, die im Universum rangniedere Individuen sind und bei der Caligastia-Rebellion in ihrer Anzahl stark dezimiert worden waren, sich nicht sicher, ob dieses Unternehmen mit der Autorität des Lokaluniversums im

Einklang stand. Um also sicherzustellen, dass sie nicht Vorschriften des Lokaluniversums missachteten, reichte eine Gruppe von ihnen eine Klage ein und beschuldigte die für die Abfassung des vierten Buchabschnitts verantwortliche Gruppe, die Richtlinien des Lokaluniversums zu missachten.

Dr. Sadler sagte, die Gerichte des Systems, der Konstellation und schließlich des Lokaluniversums wollten sich mit der Angelegenheit nicht befassen. Sie wurde an das Gericht des Superuniversums verwiesen, und dieser Vorgang dauerte gewisse Zeit. Schließlich kam eine Entscheidung zurück: Die Gruppe der Mittlergeschöpfe, die das Leben und die Lehren Jesu in den Urantia-Schriften plante, wurde nicht nur freigesprochen, sondern erhielt für ihr Projekt auch eine spezielle Bewilligung von hoher Priorität.

Der Kontaktkommission wurde erlaubt, die Feier der Vereinigten Mittlergeschöpfe mit anzuhören. Dr. Sadler sagte, es wäre die großartige Feier einer sehr glücklichen Gruppe von Individuen gewesen.

Die Jahre vor der Veröffentlichung des *Buches Urantia* lassen sich in drei ungefähr gleich lange Phasen einteilen:

1) Die erste Kontaktphase, 190(6) – 1924: die Einarbeitungsphase, in der die Kontaktkommission ausgebildet und aktionsbereit gemacht wird.

2) Die Geburtsphase, 1924 – 1942: der eigentliche Schreibvorgang und der indirekte Dialog zwischen übermenschlichen Offenbarern und menschlichen Forumsmitgliedern.

3) Die organisatorische Entwicklungsphase, 1942 – 1955: die Phase der Schriftsetzung, der Aufbereitung von Proben für die Veröffentlichung und der Kapitalbeschaffung für die eigentliche Markteinführung der Offenbarung. Diese Phase beginnt in mancher Hinsicht im Grunde schon 1937 und überschneidet sich mit der zweiten Phase.

TEIL III

DIE GESELLSCHAFTLICHE SYNTHESE

Anscheinend auf Veranlassung der Offenbarer wurde 1939 eine Gruppe ins Leben gerufen, die als »die Siebzig« bekannt wurde – einfach deshalb, weil anfangs siebzig Personen verbindlich an den Treffen teilnahmen.

Mich beeindruckt die parallele Entwicklung bei Jesus, der während seines öffentlichen Wirkens siebzig Sendboten ausbildete – was offenbar ebenfalls auf die Tatsache zurückzuführen war, dass sich ursprünglich siebzig Personen verpflichteten.

Die Siebzig studierten das Buch intensiver und legten zusätzlich zu den Sonntagstreffen Studienkurse am Mittwochabend fest. Belehrt wurden sie durch eine Reihe von Schriften und Anweisungen von Seiten der übermenschlichen Offenbarer. Viele der noch vorhandenen Instruktionsbotschaften datieren aus dieser Zeit.

Im September 1943 erhielt die Gruppe im Rahmen einer Umorganisation einen formelleren Charakter. Diese neue Struktur gilt als Vorläufer der *Urantia Brotherhood School*.

Das Manuskript des *Buches Urantia* konnte von den Zwanzigerjahren bis 1955 nur im Diversey Parkway Nr. 533 gelesen werden.

Es waren mehrere Kopien vorhanden, und die Leute konnten jeweils eine Schrift ausleihen und an

Ort und Stelle lesen. Sie konnten vor den Sonntagstreffen lesen, aber auch werktags während der Geschäftszeiten und abends vorbeischauen. Die Schriften wurden in einem Tresor aufbewahrt und von der Kontaktkommission verwaltet.

Die Teilnahmepflicht für die Siebzig wurde auf mindestens fünfundsiebzig Prozent der Treffen festgesetzt. Während der Verschriftlichungsphase galt dies auch für das gesamte Forum.

Vor 1955 besuchten etwa vierhundertfünfzig bis fünfhundert Menschen die Forumstreffen. Eine Schrift von Dr. Sadler nannte eine Anzahl von 486. Einige sind vielleicht nur ein paar Mal gekommen und dann weggeblieben. Andere besuchten das erste Treffen 1923, und als 1956 das Forum zur *First Urantia Society* wurde, kamen sie immer noch. Deren Hauptsitz befand sich ebenfalls im Diversey Parkway Nr. 533 in Chicago, und diese Leute besuchten die Sonntagstreffen dort bis in die Siebziger- und Achtzigerjahre hinein.

Außenstehende erfuhren vom Forum und seinem Tun nur auf sehr diskrete Weise. Die Forumsmitglieder verpflichteten sich in einem feierlichen Gelöbnis zur Geheimhaltung.

Noch nicht einmal Familienangehörigen sollten sie erzählen, was sie taten.

Wenn jemand meinte, er hätte ein potenzielles neues Mitglied, durfte er die Treffen lediglich in groben Zügen beschreiben und musste eine Unterredung mit Dr. Sadler arrangieren. Dr. Sadler unterhielt sich ausführlich mit jedem neuen Mitglied oder Mitgliedskandidaten. Wenn dieser nach dem Gespräch mit Dr. Sadler echtes Interesse zeigte, wurde ihm das feierliche Geheimhaltungsversprechen abgenommen, und er wurde ohne weitere Zeremonie in die Gruppe eingeführt.

Er musste die Schriften zunächst selbstständig lesen, um mit der Gruppe gleichzuziehen.

Ich möchte nicht versäumen, auf die Kameradschaftlichkeit und das kollektive Gefühl von Aufregung und freudiger Erwartung hinzuweisen, die angesichts des Unternehmens, an dem sie teilnahmen, von den Forumsmitgliedern ausgingen. Schon als Kind bekam ich in den Fünfzigerjahren ein starkes Gefühl von Nähe, Freundschaft und Begeisterung für das gemeinsame Ziel mit, das in der Urantia-Bewegung seitdem nicht mehr übertroffen worden ist.

Der Zusammenhalt der Forumsmitglieder ließe sich vielleicht mit dem eines eng verbundenen, gut funktionierenden Studienzirkels vergleichen. Es war eine besondere Zeit für eine besondere Gruppe, und ihre Mitglieder kannten die Aufgabe, die sie in der Geschichte unserer Welt hatten.

Als der Text der Urantia-Schriften sich seiner Fertigstellung näherte, begann die Gruppe verstärkt darüber nachzudenken, wie die Offenbarung am Besten in die Welt zu entlassen wäre und welche Form man der Organisation geben sollte, über die man das Unternehmen finanzieren wollte – ob es nicht vielleicht sogar mehrere Organisationen sein sollten.

Der erste große Konflikt datiert aus dieser Zeit. Er hatte mit einem Medium und Schriftsteller namens Harold Sherman zu tun. Ich will den Vorfall kurz darstellen.

Über das, was sich in dieser Phase wirklich ereignete, bestehen sehr unterschiedliche Auffassungen. Die wahren Zusammenhänge lassen sich nicht mehr ohne Weiteres klären. Meine Darstellung ist durchaus nicht unvoreingenommen, speist sich aber aus möglichst vielen Quellen. Dabei folgt sie jedoch im Großen und Ganzen dem Standpunkt von Dr. Sadler und in gewissem Umfang auch dem meines Vaters Warren Kulieke.

Harold und seine Frau Martha schlossen sich um 1942 dem Forum an. Harold war anscheinend ziemlich charismatisch oder auf andere Weise persönlich überzeugend. Obwohl er scheinbar gutwillig versuchte, die Offenbarung der demokratischen Kontrolle durch das Forum zu unterstellen, wurde deutlich, dass er einen geheimen Plan verfolgte.

Ich möchte hier daran erinnern, dass die Kontaktkommission eine Erweiterung der übermenschlichen Offenbarungskommission war; sie erhielt ihre Befehle von den Übermenschlichen. Mit dem Versuch, die Urantia-Schriften der Kontrolle durch die Kontaktkommission und insbesondere der Führung durch Dr. Sadler zu entreißen, zog Sherman im Grunde die Autorität der übermenschlichen Offenbarer in Zweifel.

Dr. Sadler zufolge spielte Sherman Caligastia in die Hände, der versuchte, die Gruppe zu spalten. Der Kontaktkommission wurde gesagt, Caligastia würde die Urantia-Schriften hassen und versuchen, sie zu vernichten. Außerdem wurde ihr mitgeteilt, die Methode Caligastias bestünde darin, einen Keil zwischen Menschen oder Gruppen zu treiben und Zwietracht zu fördern.

Die Offenbarer betonten eindringlich, es sei wichtig, die Einheit zu erhalten.

Sherman ließ einen Brief oder eine Petition unter den Forumsmitgliedern umgehen, die sie unterzeichnen sollten und in der die Kontrolle Dr. Sadlers über die Urantia-Schriften kritisiert wurde. Viele Forumsmitglieder, die die wahre Absicht hinter Shermans Aktion nicht erkannten, schlossen sich seinem Anliegen an und unterzeichneten die Petition.

Die sogenannte Sherman-Rebellion wurde als Bedrohung für die Integrität der Offenbarung betrachtet. Die Mittlergeschöpfe erklärten die Situation zur Krise und hatten vom Ausbruch der Rebellion bis zu ihrem Ende häufig stündlichen Kontakt mit Dr. Sadler. Dr. Sadler bestellte jeden Unterzeichner einzeln ein und unterhielt sich ausführlich mit ihm. Am Schluss baten alle Unterzeichner darum, ihren Namen von der Petition zu streichen, mit einer offensichtlichen Ausnahme, den Shermans.

Die Krise war unter Kontrolle, und obwohl einige Konflikte mit Sherman folgten, war die Gefahr vorüber.

Ich möchte darauf hinweisen, dass der von Sherman herumgereichte Brief von Clyde Bedell entworfen worden war, und ich bin darüber informiert, dass er von ihm oder den übrigen Unterzeichnern nicht als Kritik an Dr. Sadler empfunden worden war. Sie hatten sich in aller Aufrichtigkeit wegen bestimmter organisatorischer Punkte Dr. Sadler entgegengestellt, während Sherman vielleicht anstrebte, Dr. Sadler als Führer der Urantia-Gruppe abzusetzen. Offenbar hatte Sherman einfach seine eigenen Pläne.

Es scheint, dass es innerhalb der Kontaktkommission selbst intellektuelle Meinungsverschiedenheiten über die Organisation gab. Das sollte nicht besonders überraschen, wenn man bedenkt, dass damals selbst die Seraphim des Fortschritts und die Seraphim der Kirchen (die Hüter der Religionen) in Bezug auf den Umgang mit den Urantia-Schriften uneins waren. Das blieb so, bis ein neues Oberhaupt der übermenschlichen Regierung eingesetzt wurde, das sich Anfang der Fünfzigerjahre mit dem Thema beschäftigte.

Die Untersuchungen und Überlegungen der Kontaktkommission und des Forums zur Organisationsform begannen Ende der Dreißigerjahre und setzten sich während der gesamten Vierzigerjahre fort. Mit den Seraphim und den Mittlergeschöpfen fand ein intensiver Dialog statt, und sie leisteten wesentliche Beiträge zum Thema.

Die Kontaktkommission wurde vor der Gefahr gewarnt, die fehlgeleitete Idealisten darstellen. Ihr wurde gesagt, gebraucht würde die Verbindung eines Ideisten (eines Menschen, der Ideen hat) mit einem Idealisten. Paulus war ein Ideist gewesen und hatte Erfolg gehabt, aber seine Ideale aufgegeben. Abner war ein unbeugsamer Idealist gewesen und weitgehend gescheitert. Erforderlich ist ein Gleichgewicht zwischen diesen beiden Richtungen.

Der Kontaktkommission wurde auch gesagt, das *Buch Urantia* solle nicht unter der direkten Kontrolle einer demokratischen Organisation stehen, die immer den Launen und dem Wankelmut ihrer Mitglieder unterliegt. Die Mitglieder sollten aber auch nicht einem selbstherrlichen Gremium unterworfen sein. Dieses musste repräsentativ sein.

Der Organisationsentwurf, der zwei Hauptorganisationen vorsah, die *Urantia Foundation* und die *Urantia Brotherhood,* wurde über einen Zeitraum von vielen Jahren erarbeitet und schließlich von den Himmlischen Inspektoren gebilligt.

Obwohl sie bemerkten, die Verfassung der *Urantia Brotherhood* sei nicht perfekt, wurde sie als ein Dokument bezeichnet, das so gerecht war wie jedes andere bislang erdachte, und zur Verbesserung vorgesehen.

Obwohl es Anzeichen dafür gibt, dass die Himmlischen Inspektoren wegen des Machtumfangs der

Brotherhood Bedenken hatten, halte ich die Überlegung für falsch, sie hätten wegen der *Foundation* keine Bedenken gehabt. Entscheidend war, dass zwischen den beiden unterschiedlich strukturierten Organisationen Harmonie und Gleichgewicht bestanden. Es sollte genauso wenig ein hierarchisches System sein, wie ein einziges Seraphim-Paar eine Hierarchie bildet. Seraphim arbeiten Hand in Hand. Der eine ist energetisch positiv, der andere energetisch negativ, aber sie werden als komplementär beschrieben.

Meines Erachtens war das der Plan für die *Urantia Foundation* und die *Urantia Brotherhood* – sie sollten komplementär sein. Bill Sadler verglich sie mit Mitgliedern eines Footballteams: Die *Foundation* war der Halbstürmer und die *Brotherhood* der Angriffsdirigent.

Die *Urantia Foundation* hat die *Urantia Brotherhood* nicht geschaffen, aber sie beschloss, die *Brotherhood* formal anzuerkennen und ihr bestimmte Aufgaben zu übertragen, etwa die Abwicklung der Verkäufe des *Buches Urantia*.

Die *Urantia Foundation* wurde 1950 zur direkten Erbin der Kontaktkommission. Im August 1942 wurden der zukünftigen *Foundation* Anweisungen gegeben, das *Buch Urantia* urheberrechtlich zu schützen und Urantia als Warenzeichen eintragen zu lassen.

Der Kommission wurde gesagt:

»Ihr habt nicht genug getan, um euren Namen zu schützen. Sichert ihn für eine Generation, damit der Name Urantia nicht von anderer Seite beansprucht werden kann.«

»In einer Stiftung nach dem Gewohnheitsrecht seid ihr Inhaber des Namens. Auch in einer Körperschaft. Eine Körperschaft ist rechtsfähig. Tut dies auch für das Urheberrecht.

Ihr müsst es sorgfältig bei der Regierungsabteilung registrieren lassen, die ich mir angesehen habe und die die Handelsbeziehungen, die Warenzeichen kontrolliert, und dann seid ihr nach dem Gewohnheitsrecht geschützt in einer Vereinigung von Ehrenamtlichen wie der, die ihr mit der *Urantia Brotherhood* plant.

Auf all diese Weisen müsst ihr den Namen schützen. Das ist eine eurer wichtigsten Aufgaben.«

»In fünfzig, fünfundsiebzig oder hundert Jahren wird für den Namen keine Gefahr mehr bestehen. Ihr schützt ihn für eine Generation, und anschließend wird er weitgehend für sich selbst sorgen.«

Nachdem die Bevollmächtigten der *Foundation* zu Verwaltern des *Buches Urantia* geworden waren, machten sie sich daran, diese Dinge zu erledigen.

Als die Kontaktkommission einmal die Offenbarer fragte, was denn zu erwarten sei, wenn die Urantia-Schriften öffentlich mit der Welt geteilt werden würden, wurde ihnen gesagt, selbst die Offenbarer würden es nicht wissen – es gab keine Erfahrung, auf die sie sich beziehen konnten, weil diese Form einer epochalen Offenbarung in unserem Universum (gemeint war Nebadon) noch nie dagewesen war. Ich gehe davon aus, dass sie nirgendwo in Orvonton üblich ist.

Ich habe sagen gehört, ein Forumsmitglied hätte erfahren, dass ein Äquivalent des *Buches Urantia* vielen Welten gegeben wurde.

Wenn das stimmt, muss es nach dem Beginn der Urantia-Erfahrung stattgefunden haben und ein ganz neues Phänomen sein. Vielleicht empfangen die übrigen gefallenen Welten in Satania seit kurzem schriftliche Offenbarungen.

Wie oben angedeutet, wurden am 21. August 1950 an der übermenschlichen planetarischen Regierung Urantias bestimmte Veränderungen vorgenommen. Diese Übergangsregierung ersetzte das im *Buch Urantia* in Schrift 114 beschriebene System, das heute teilweise überholt ist. »Der Beginn des Rechtstreits Gabriel gegen Luzifer war das Zeichen für die Einsetzung provisorischer planetarischer Regierungssysteme in allen isolierten Welten.« (*S. 611) Unser vorläufiges System geht auf diese Zeit zurück.

Gabriel von Salvington hat Urantia persönlich besucht und einen Melchizedek-Sohn namens Norson als Persönlichen Regenten des Stellvertretenden Planetarischen Prinzen von Urantia (Machiventa) eingesetzt.

Gabriel war achtzehn Stunden auf Urantia anwesend und genehmigte die Mitteilung der aktuellen Ereignisse an die Kontaktkommission.

Danach erfolgten mehrere Jahre lang Änderungen, die schließlich die Richtung und das Wohl der Urantia-Schriften beeinflussten.

Bestimmte menschliche »Schularbeiten« sollten in den Händen der Verwalter der *Urantia Foundation* liegen, die dem Vetorecht der Vereinigten Mittlergeschöpfe von Urantia unterworfen waren. Welche Form dieses Vetorecht annimmt, scheint völlig offen für Spekulationen zu sein.

Der Persönliche Regent des Stellvertretenden Planetarischen Prinzen von Urantia verkündete, die gesamte Aufsicht über die Offenbarung solle für die nächsten fünfhundert Jahre (ab dem 11. Februar 1954) in den Händen der Seraphim des Fortschritts liegen, wobei die unmittelbarere Kontrolle für die nächsten einhundert Jahre den Seraphim der Kirchen anvertraut werden sollte. Er verkündete, er würde sich das Recht vorbehalten, jederzeit einzugreifen. Auch hier ist niemandem bekannt, welche Form dieses Eingreifen annehmen könnte.

Ich selbst vermute, dass eine solche Intervention im Allgemeinen durch menschliche Handelnde geschehen würde, die zum Reservekorps des Schicksals gehören.

Der Regent wurde zu diesen Entscheidungen ermächtigt, nachdem ein im November 1951 neu geschaffener Oberster Gerichtshof von Urantia ihm die Amtsgewalt über die Offenbarung übergeben hatte. Nachdem er ein Jahr im Amt war, verkündete er 1951 der Kontaktkommission, dass sein erstes Jahr insgesamt kein glückliches gewesen war – er hatte den größten Teil von ihm mit dem Versuch verbracht, »einen Weltkrieg zu verhindern oder hinauszuzögern.«

Bei einer anderen Gelegenheit äußerte er seine Erschütterung über die fehlende Begeisterung einiger Forumsmitglieder für die Urantia-Schriften. War ihnen nicht klar, was sie da hatten? Er meinte, es wäre offenbar so, dass nur wenige Sterbliche »sich auf Dauer bewähren«. Im Großen und Ganzen sagte er, die Siebzig wären ausreichend engagiert, von den anderen aber nur relativ wenige.

Am 11. Februar 1952 (auf den Tag genau achtundzwanzig Jahre nach der Botschaft Machiventas) teilte er der Kontaktkommission mit, dass er, und nur er allein, den Zeitpunkt für die Veröffentlichung bestimmen würde. Aber wenn sie für einen Zeitraum von drei Jahren nichts von ihm hören würden, sollte es der *Urantia Foundation* freistehen, die Veröffentlichung weiter voranzutreiben. Er trug ihr auch auf, einen Index vorzubereiten, der als Extraband veröffentlicht werden sollte.

Die Kontaktkommission hörte drei Jahre lang nichts mehr von dem Regenten, und am 11. Februar 1955 unterzeichneten die Verwalter der *Urantia Foundation* ihre »Absichtserklärung zur Veröffentlichung des *Buches Urantia*«.

Unmittelbar darauf wurde mit der Arbeit am Druck begonnen. Das Abtippen sowie einige andere einleitende Vorbereitungen waren schon früher abgeschlossen worden.

Das *Buch Urantia* wurde am 12. Oktober 1955 veröffentlicht, einem Mittwochabend, an dem die

Siebzig wie immer im Diversey Parkway Nr. 533 an ihren Studienzirkeln teilnahmen.

Ich erinnere mich noch, wie aufgeregt mein Vater war, als er an diesem Abend mit vier Exemplaren des *Buches Urantia* nach Hause kam. Viele dieser Leute hatten jahrzehntelang auf dieses bedeutende Ereignis gewartet, und endlich war es da. Die Anzahl und die Art der Kontakte scheint sich nach 1952 stark verändert zu haben.

Die Organisationen waren weitgehend sich selbst überlassen.

Dr. Sadler und Christy gaben beide an, die Urantia-Schriften seien genau so veröffentlicht worden, wie sie empfangen worden waren, bis auf Fehler beim Abschreiben, von denen die meisten später erkannt und korrigiert wurden. Die Kontaktkommission beschränkte sich darauf, an der Rechtschreibung, der Groß- und Kleinschreibung und der Zeichensetzung Veränderungen vorzunehmen. Man folgte dem *Manual of Style* der Universität von Chicago und bezog sich bei den Bibelzitaten auf den *Harper's Bible Dictionary.*

Die *Urantia Brotherhood* wurde am 2. Januar 1955 von sechsunddreißig Forumsmitgliedern gegründet, die als erster Generalrat fungierten. Diese sechsunddreißig Forumsmitglieder gehörten alle auch zu der Gruppe der Siebzig.

Erst am 17. Juni 1956 wurde die *First Urantia Society* gegründet, und nach dreiunddreißig Jahren gehörte das Forum der Vergangenheit an, denn die meisten seiner Mitglieder wurden zu den ersten 156 Mitgliedern der neuen Gesellschaft.

Eine neue Phase hatte begonnen.

Die unerschrockenen Forumsmitglieder bereiteten sich nun darauf vor, das *Buch Urantia* mit der Welt zu teilen.

Dem Forum war von den Himmlischen Inspektoren viel über die öffentliche Verbreitung des *Buches Urantia* gesagt worden.

Unter anderem wurde Folgendes geäußert:

»Die Zukunft ist eurem sterblichen Verständnis nicht zugänglich, aber ihr werdet gut daran tun, fleißig die Ordnung, den Plan und die Methoden der Weiterentwicklung zu studieren, wie sie im Erdenleben Michaels dargestellt wurden, als das Wort Fleisch wurde. In einer späteren Phase, wenn das Wort zum Buch wird, werdet ihr zu Handelnden. Die Unterschiede in der Verbreitung der Religionen ist groß, aber aus dem Studium der früheren Zeit kann viel gelernt werden.«

»Wir betrachten das *Buch Urantia* als Zeichen für die fortschreitende Entwicklung der menschlichen Gesellschaft. Es hängt nicht mit den spektakulären Vorfällen einer epochalen Revolution zusammen, auch wenn es zeitlich offenbar so eingebracht wurde, dass es im Gefolge einer solchen Revolution der menschlichen Gesellschaft erscheint. Das Buch gehört in die Ära, die unmittelbar auf das Ende des gegenwärtigen ideologischen Kampfes folgt. Das wird der Tag sein, an dem Menschen bereit sein werden, nach Wahrheit und Rechtschaffenheit zu streben. Wenn das Chaos der gegenwärtigen Verwirrung vorüber ist, wird es eher möglich sein, den Kosmos einer neuen und besseren Ära menschlicher Beziehungen zu formulieren.

Und für diese bessere Ordnung der Angelegenheiten auf der Erde ist das Buch bereitgestellt worden.«

»Aber die Veröffentlichung des Buches ist nicht bis zu diesem (möglicherweise) sehr fernen Zeitpunkt aufgeschoben worden. Es sind Vorkehrungen für eine frühe Veröffentlichung des Buches getroffen worden, damit es für die Ausbildung von Führern und Lehrern zur Verfügung steht. Sein Vorhandensein ist auch erforderlich, um die Aufmerksamkeit vermögender Personen anzuziehen, die so vielleicht dazu veranlasst werden, Gelder für Übersetzungen in andere Sprachen bereitzustellen.«

»Ihr müsst lernen, euch in Geduld zu fassen. Ihr seid in Verbindung mit einer Offenbarung der Wahrheit, die Teil der natürlichen Evolution der Religion in dieser Welt ist. Zu schnelles Wachstum wäre Selbstmord.

Das Buch wird lange vor dem Tag seiner weltweiten Mission denen gegeben, die bereit für es sind. Tausende von Studiengruppen müssen ins Leben gerufen werden, und das Buch muss in viele Sprachen übersetzt werden.

So wird das Buch bereit sein, die Völker vieler Länder zu trösten und zu erleuchten, wenn die Schlacht um die Freiheit des Menschen endlich gewonnen ist und die Welt einmal mehr für die Religion Jesu und die Freiheit der Menschheit sicher gemacht wurde.«

»Und möget ihr alle tapfere Arbeiter in Gottes Weinberg werden – von ganzem Herzen eingereiht in die nicht wankenden Reihen jener Sterblichen, die in der kommenden Schlacht der Wahrheit gegen den Irrtum unter der entschlossenen Führung der mächtigen Seraphim des Fortschritts vorangehen werden.«

»Seit der frohen Botschaft Jesu ist auf der Erde keine so dynamische Keimzelle mehr aufgetaucht, um die herum so viele Organisationen aufgebaut werden könnten und die so viele unterschiedlich motivierte Menschen anziehen könnte – gute, böse und gleichgültige.«

»In 1900 Jahren gab es nichts, dessetwegen es soviel Durcheinander und Konkurrenz um die Kontrolle gegeben hätte wie eure Organisation, und heutzutage könnt ihr Organisationen nur dann einen Strich durch die Rechnung machen, wenn ihr euch selbst organisiert.«

Den Forumsmitgliedern wurde gesagt, sie würden »vielen merkwürdigen Ismen und kuriosen Gruppen begegnen, die versuchen werden, sich dem *Buch Urantia* und seinem weit gespannten Einfluss anzuschließen. Eure schwierigsten Erfahrungen werdet ihr mit solchen Gruppen haben, die ihren Glauben an die Lehren des Buches am lautesten bejubeln und hartnäckig versuchen werden, sich der Bewegung anzuschließen. Große Weisheit wird erforderlich sein, um sich zu schützen vor dem ablenkenden und verzerrenden Einfluss dieser mannigfaltigen Gruppen und ähnlich ablenkenden und störenden Einzelpersonen, von denen einige wohlmeinend und andere böse sind und die versuchen werden, Teil der authentischen Gefolgschaft der Urantia-Bewegung zu werden.«

»Ihr seid zu einem großen Werk berufen und habt das wundervolle Privileg, diese Offenbarung den Völkern eurer von Streitigkeiten zerrissenen Welt vorzustellen.«

»Arrogante Wissenschaftler werden euch lächerlich machen, und manche werden euch sogar Schwindel und Betrug vorwerfen. Wohlmeinende religiöse Eiferer werden euch als Feinde der christlichen Religion verurteilen und euch beschuldigen, Christus zu verleumden.«

»Tausende spirituell hungriger Seelen werden euch für die Botschaft segnen, die ihr bringt, und Tausende anderer werden euch dafür verdammen, dass ihr ihre theologische Selbstzufriedenheit stört.«

»Seid ihr bereit für eure Taufe mit Freud und Leid, die die frühe Verbreitung der Urantia-Offenbarung sicher begleiten wird?«

Während ich dieses Büchlein schreibe, haben wir unsere Taufe »mit Freud und Leid« seit langem begonnen und fortgesetzt. Für mich ist der Abschluss des Prozesses, der zur Veröffentlichung des *Buches Urantia* in so reiner und richtiger Form führte, ein echtes Wunder.

Fünfzig Jahre menschlichen Handelns waren erforderlich: menschliche Gedanken, Gefühle und Taten. Diese Menschen erlebten Verzweiflung, Bestürzung, Verwirrung, Aufruhr, Ungewissheit und persönliche und soziale Konflikte.

Aber aus diesem Prozess heraus verbündeten sie sich, sie entwickelten sich und erreichten ihr Ziel, die Fünfte Epochale Offenbarung der Wahrheit für Urantia in Gang zu bringen.

Alle Schwierigkeiten haben sich fortgesetzt und vervielfacht, als das Schiff den Hafen verließ. Die Offenbarer sagten, fünfzig bis fünfundsiebzig Jahre (von 1955 an gerechnet) richtiger Betreuung seien erforderlich, um den Erfolg dieser jüngsten Offenbarung sicherzustellen.

Wird sie glücken und alles vorbereiten, so dass wir die Schwelle zum Licht und zum Leben überschreiten können? Wird unsere Welt zu einem Muster an Erlösung und Wiederherstellung für ganz Orvonton?

Oder wird diese epochale Transaktion wie so viele frühere Offenbarungen auf dieser Erde unvollendet und verzerrt enden?

Werden wir zu einer der wirklich größten kosmischen Enttäuschungen?

Es werden diejenigen von Ihnen darüber entscheiden, die derzeit im Weinberg Gottes arbeiten, und diejenigen, die bald folgen werden.

Eine ganze Reihe von Hinweisen veranlassen mich zu der Überzeugung, dass Milliarden von Wesen überall in Orvonton und darüber hinaus das Urantia-Experiment beobachten und auf das Ergebnis warten.

Da die Übermenschlichen viele Schwierigkeiten der öffentlichen Verbreitung der Offenbarung vorausgesehen haben, können wir darauf vertrauen, dass wir aus diesem Aufruhr und Ärger, diesem Sturm und Stress doch noch als Sieger hervorgehen und die Fünfte Epochale Offenbarung sicher durch diese Übergangszeit manövrieren. Wenn wir vorausahnen wollen, was in diesem vorwärts weisenden Kampf an jedem Entscheidungspunkt zu tun ist, sind wir gut beraten zu untersuchen, wie dieser ganze Prozess eigentlich angefangen und sich bis heute fortgesetzt hat.

Dann können wir weiser handeln, während wir dazu beitragen, diese jüngste Offenbarung aus dem sicheren Hafen auf die hohe See des evolutionären Geschicks zu steuern.

Wenn Sie meinen, diese historischen Ereignisse wären weit weg von heutigen Geschehnissen, wurde ein wichtiger Zweck meiner Darstellung verfehlt. Es sollen auch nicht die Mitglieder der Kontaktkommission und des Forums in die goldene Aura der Größe gehüllt werden, wie einst die Gründerväter der amerikanischen Nation. Ich will ihre Leistungen nicht schmälern, aber im Großen und Ganzen waren sie ganz normale Menschen, die nur durch ihre Hingabe groß wurden.

Die Ereignisse liegen nicht in ferner Vergangenheit; sie haben unsere heutige Alltagsrealität geformt und tun dies noch immer.

Die gleiche Kraft, weitreichende Entscheidungen zu treffen und den menschlichen Willen in den Dienst dieser Offenbarung zu stellen, wohnt in jedem von uns. Vielleicht sind nicht alle von uns bei dieser Unternehmung Reservisten oder Anführer, aber jeder von uns kann sich ebenso engagieren wie ein Reservist.

Gott wird es bemerken und uns so einsetzen, dass es den meisten Nutzen bringt, egal ob als niederen Fußsoldaten oder als großen Befehlshaber.

»Das Leben ist immer nur das, was an einem Tag geleistet wird – tut es gut. Handeln müssen wir; die Schlussfolgerungen zieht Gott.« (*S. 556)

Die Offenbarung befindet sich immer noch in den allerersten Stadien ihrer Entfaltung vor der Welt. Sie braucht immer noch engagierte Männer und Frauen, um erfolgreich zu sein, genauso wie in den ersten Tagen – oder sogar noch mehr.

Es besteht kein Mangel an wichtigen Rollen. Das Einzige, was uns begrenzen könnte, ist unsere Fantasie. Große und historisch bedeutende Zeiten liegen vor uns, so wie vor den Menschen zu Beginn des zwanzigsten Jahrhunderts. Unsere heutige Alltagsrealität erscheint uns oft weniger imposant als die Vergangenheit. Aber sie ist es nicht.

Gerade jetzt ist das ultimative Engagement von Millionen religiös interessierter Menschen erforderlich. Diejenigen, die sich zu diesem Engagement verpflichten, finden immer etwas zu tun.

Gott wird immer zu denen sprechen, die bereit sind zu hören: »Nimm meine Hand. Geh mit mir. Befolge meinen Willen. Ich brauche deine Hilfe.«

ANHÄNGE

Dr. William S. Sadler, 1963

ANHANG A

Der folgende Anhang findet sich in Dr. William S. Sadlers Buch *The Mind at Mischief,* das 1929 zum ersten Mal veröffentlicht wurde. Man nimmt an, dass der erste Fall Ellen White, eine Erbauungsschriftstellerin und Mitbegründerin der Adventisten des Siebenten Tages, und der zweite die Urantia-Schriften betrifft.

Anhang

In Diskussionen über betrügerische Medien oder der Selbsttäuschung erlegene Spiritisten ist der Leser verschiedentlich auf die Aussage gestoßen, dass es bestimmte Ausnahmen von den dort erhobenen Anschuldigungen gegeben hat, und er wurde auf diesen Anhang verwiesen. Jetzt ist es meine Pflicht zu erklären, was ich im Sinn hatte, als ich diese Fußnoten einfügte.

Im Interesse wissenschaftlicher Sorgfalt einerseits und absoluter Gerechtigkeit andererseits wird es notwendig zu erklären, dass es ein oder zwei Ausnahmen von der allgemeinen Aussage gibt, alle Fälle parapsychologischer Phänomene, die ich beobachten konnte, hätten sich als aus dem Individuum selbst kommende Medialität herausgestellt. Es ist richtig, dass praktisch alle physikalischen Phänomene sich als Schwindel erwiesen haben, während psychische Phänomene fast ausnahmslos durch die Gesetze der psychischen Projektion, Übertragung, Realitätsverschiebung etc. erklärbar sind. Aber vor vielen Jahren habe ich ein Trancemedium kennen gelernt, eine Frau, die jetzt tot ist, deren Visionen, Offenbarungen etc. nicht von Spiritualität gefärbt waren. Soweit ich in Erfahrung bringen konnte, behauptete sie nie, unter dem Einfluss von Geistführern oder Kontrollinstanzen zu stehen oder die Botschaften der Geister verstorbener Menschen weiterzugeben. Ihre Arbeit war weitgehend religiöser Natur und bestand aus erhabenen Aussprüchen und religiösen Ermahnungen. Ich hatte nie das Privileg, eine gründliche psychische Analyse dieses Falls vorzunehmen, und ich bin nicht in der Lage, mich über das Ausmaß zu äußern, zu dem ihre Offenbarungen den unterbewussten Bereichen ihres eigenen Verstandes entsprungen waren. Ich erwähne den Fall nur, um die Tatsache zu protokollieren, dass mir ein Fall von offenbar zur Trance-Kategorie gehörenden medialen Phänomenen begegnet ist, der in keinster Weise mit Spiritualität zu tun hatte.

Die andere Ausnahme betrifft einen sehr eigentümlichen Falles medialer Phänomene; ich sehe mich außer Stande, diesen Fall zu klassifizieren, und möchte ihn gern ausführlicher beschreiben. Wegen eines Versprechens, dessen Einhaltung ich als heilige Pflicht betrachte, kann ich dies hier jedoch nicht tun. Mit anderen Worten: Ich habe versprochen, diesen Fall zu Lebzeiten des Betreffenden nicht zu veröffentlichen. Ich hoffe, irgendwann eine Änderung dieses Versprechens zu erreichen und wegen der interessanten Charakteristika des Falls ausführlicher über ihn berichten zu können. Ich kam im Sommer 1911 mit ihm in Kontakt, und seitdem habe ich ihn mehr oder weniger im Blick. Ich war bei wahrscheinlich zweihundertfünfzig nächtlichen Sitzungen zugegen, von denen viele von einem Stenographen begleitet wurden, der umfangreiche Notizen machte.

Eine sorgfältige Untersuchung dieses Falles hat mich davon überzeugt, dass es sich nicht um eine gewöhnliche Trance handelt. Obwohl der Schlaf sehr natürlich zu sein scheint, ist er sehr tief, und bislang waren wir außer Stande, den Patienten zu wecken, wenn er in diesem Zustand

war; aber der Körper ist nie starr, und die Herz-
tätigkeit ist nie verändert, die Atmung ist manchmal stark beeinträchtigt. Dieser Mann ist völlig
ohne Bewusstsein, und wenn man es ihm nicht
hinterher erzählt, weiß er nie, dass er als eine Art
Clearing-Stelle für das Kommen und Gehen von
vorgeblich extraplanetarischen Persönlichkeiten
benutzt wurde. Genauer gesagt steht er dem ganzen Vorgang mehr oder weniger gleichgültig gegenüber und zeigt einen überraschenden Mangel
an Interesse an diesen Angelegenheiten, wenn sie
von Zeit zu Zeit geschehen.

Diese nächtlichen Visitationen sind keines-
falls mit Seancen vergleichbar, wie sie mit dem
Spiritismus in Verbindung gebracht werden. Zu
keiner Zeit während meiner achtzehnjährigen Be-
obachtungszeit gab es eine Mitteilung aus irgend-
einer Quelle, die behauptete, der Geist eines ver-
storbenen Menschen zu sein. Die Mitteilungen,
die niedergeschrieben wurden oder die wir Gelegenheit hatten anzuhören, werden von einer breiten Riege vorgeblicher Lebewesen gemacht, die
behaupten, von anderen Planeten zu kommen, um
diese Welt zu besuchen, die als studentische Besucher zu Studien- und Beobachtungszwecken
hier einen Zwischenstopp einlegen, wenn sie von
einem Universum zu einem anderen oder von ei-

nem Planeten zu einem anderen unterwegs sind. Diese Mitteilungen stammen weiterhin von angeblich spirituellen Wesen, die vorgeben, diesem Planeten für Aufgaben unterschiedlicher Art zugeteilt worden zu sein.

In achtzehnjährigem Studium und gründlicher Ermittlung ist es nicht gelungen, die psychische Herkunft dieser Botschaften zu entdecken. Ich selbst stehe heute genau da, wo ich war, als ich angefangen habe. Psychoanalyse, Hypnose, intensive Vergleiche haben noch nicht zeigen können, dass die schriftlichen oder gesprochenen Botschaften dieser Person ihren Ursprung in ihrem eigenen Verstand haben. Ein Großteil des Materials, das durch diesen Patienten erlangt wurde, steht in diametralem Gegensatz zu seinen Denkgewohnheiten, zu der Art und Weise, in der er erzogen wurde, und zu seiner gesamten Weltanschauung. Tatsache ist, dass wir bei vielem von dem, was wir sichergestellt haben, nicht in Erfahrung bringen konnten, ob es existiert. Sein philosophischer Inhalt ist völlig neu, und wir sind nicht in der Lage herauszufinden, wo ein Großteil von ihm je einen menschlichen Ausdruck gefunden hat.

Obwohl ich sehr gerne über Einzelheiten dieses Falles berichten möchte, bin ich gegenwärtig nicht in der Lage, dies zu tun. Ich kann nur sagen, dass ich in diesen Jahren der Beobachtung festgestellt habe, dass alle Informationen, die durch diese Quelle mitgeteilt wurden, sich als in sich schlüssig erwiesen haben. Obwohl die Qualität der Botschaften sehr unterschiedlich ist, scheint sich dies plausibel durch den unterschiedlichen Entwicklungsstand und den unterschiedlichen Stand der Persönlichkeiten erklären zu lassen, die die Mitteilungen machen. Ihre Philosophie ist folgerichtig. Sie ist ihrem Wesen nach christlich und im Großen und Ganzen mit den bekannten wissenschaftlichen Fakten und Wahrheiten meiner Zeit im Einklang. Tatsächlich ist dieser Fall so ungewöhnlich und bemerkenswert, dass er sich nach meiner Erfahrung sofort selbst als eigene Kategorie etabliert – eine, die sich bislang allen Bemühungen meinerseits widersetzt hat, ihren innerpsychischen Ursprung zu beweisen. Unsere Nachforschungen werden fortgesetzt, und wie ich angekündigt habe, hoffe ich, irgendwann in naher Zukunft die Erlaubnis zu bekommen, über die mit diesem interessanten Fall zusammenhängenden Phänomene umfassender zu berichten.

ANHANG B

Biographische Informationen
zu den Mitgliedern der Kontaktkommission

Dr. William Sadler, 1875–1969

William S. Sadler wurde am 24. Juni 1875 in Spencer im US-Bundesstaat Indiana als Sohn eines Bibelverkäufers geboren. 1889 lief er von zu Hause weg, um am *Kellogg's Health Sanitarium* in Battle Creek/Michigan zu arbeiten. (Der Handel mit Frühstücksflocken war eine spätere Ergänzung dieses Gesundheitsprojekts.) Dort traf er auf Menschen – insbesondere die Familie Kellogg – und Möglichkeiten, die den größten Teil seines weiteren Lebens bestimmen sollten, etwa den Besuch der medizinischen Fakultät, die Begegnung mit seiner späteren Frau Lena und die Bekanntschaft mit Ellen Whites Gemeinde der Adventisten des Siebenten Tages, in der er zum Geistlichen wurde. 1906 schloss er sein Medizinstudium erfolgreich ab und eröffnete eine Praxis in Chicago. Ein paar Jahre später absolvierte er ein Psychiatriestudium und wandte sich diesem Berufszweig zu: Von dieser Zeit bis zu seinem dreiundneunzigsten Lebensjahr praktizierte er als Psychiater. Dr. Sadler hielt außerdem Vorträge, unterrichtete und schrieb zahlreiche Bücher über Gesundheit und Psychiatrie. Mehrere Jahrzehnte lang übernahm er auch kleinere Aufträge hauptsächlich im detektivischen und nachrichtendienstlichen Bereich. Von 1912 bis 1969 hatte er sein Büro und seine Wohnung am nördlichen Stadtrand von Chicago im Diversey Parkway Nr. 533. Dr. Sadler leitete während dieses ganzen Lebensabschnittes die Kontaktgruppe, das Forum und die nachfolgenden Organisationen. Offenbar gefiel es ihm, Verantwortung zu tragen und im Mittelpunkt zu stehen. Er war von Natur aus ein guter Redner und Geschichtenerzähler und besaß einen trockenen Humor. Er starb in Chicago am 26. April 1969, nachdem er von vielen guten Freunden und Forumsgefährten Abschied genommen hatte.

Dr. Lena Kellogg Sadler, 1875–1939

Lena C. Kellogg wurde am 9. Juni 1875 in Abscota/Michigan geboren. Sie war die Nichte von John Harvey Kellogg und wurde Krankenschwester

am *Kellogg's Health Sanitarium* in Battle Creek, wo
sie 1893 William S. Sadler kennen lernte. Die
beiden heirateten vier Jahre später. 1901 fingen sie
gemeinsam mit dem Medizinstudium an und
schlossen es, ebenfalls gemeinsam, 1906 ab. Lena
praktizierte mit ihrem Mann zusammen, dozierte
mit ihm auf den Chautauqua-Touren und wirkte
an der Abfassung mehrerer Bücher mit. Sie leitete
mit ihm die Kontaktgruppe und das Forum. Be-
richte über sie deuten darauf hin, dass sie ein ruhi-
ger, stiller und ausgeglichener Mensch war, der anderen auf seine Weise half. Sie starb relativ jung am
8. August 1939 in Chicago. Dr. Sadler sowie einige Forumsmitglieder sagen, sie hätte versucht, kurz
nach ihrem Tod mit ihrem Mann zu kommunizie-
ren, aber die Bitte wurde von den zuständigen Übermenschlichen »klugerweise abgelehnt«.

William S. Sadler junior, 1907–1963

Er war das einzige überlebende Kind von Dr. William S. Sadler und Lena K. Sadler. Ein früheres Kind
war als Säugling gestorben. Bill wurde am 15. Dezember 1907 in La Grange/Illinois geboren. Wie
sein Vater lief er in sehr jungem Alter von zu Hause weg und ging zur Marine. Später spielte er eine

aktive Rolle im Forum. Seine große Intelligenz trug wesentlich zu dem Frage-Antwort-Prozess bei. Er hatte eine Firma für Managementberatung, die er persönlich leitete, und reiste viel. Bill heiratete 1935; er und seine Frau Leone hatten drei Kinder, von denen eines (William S. Sadler III) sehr früh starb. Die Eheleute trennten sich und wurden Mitte der Fünfzigerjahre geschieden. Bill war Gründungsbevollmächtigter der *Urantia Foundation* und der erste Präsident der *Urantia Brotherhood*. In Verbindung mit seiner Scheidung kam es zum Bruch mit seinem Vater, und er gründete Ende der Fünfzigerjahre die *Second Urantia Society of Chicago* und die *Second Society Foundation*. Mit Florine Hemmings schloss er eine zweite Ehe, die bis zu seinem Tod bestand. Bill besaß das Talent, die komplexesten Konzepte der Urantia-Schriften so zu vereinfachen, dass sie leicht verständlich waren; viele Jahre lang schrieb und dozierte er über die Themen des Offenbarungsbuches. Er starb am 22. November 1963 in Chicago an Zirrhose.

Emma L. Christensen, 1890–1982

Emma L. Christensen (Christy) wurde am 29. Januar 1890 in Gem Township, Bezirk Brown, im

US-Bundesstaat South Dakota geboren. Sie besuchte das College in Minnesota und zog dann nach Chicago, um dort zu arbeiten. Kurz nachdem die Kontaktgruppe um eine Sekretärin gebeten hatte, hatte sie mit einem Taxi einen Unfall. Der behandelnde Arzt war zufällig Dr. Sadler, der sie bald in den Kontaktzirkel einführte. Die Sadlers adoptierten Christy offiziell als ihre Tochter, und von 1923 bis zu ihrem Tod sechzig Jahre später wohnte sie im Diversey Parkway Nr. 533. Sie arbeitete im Geschäftsviertel von Chicago für das *Federal Reserve Bank System* und ging 1950 als Büroleiterin des Revisionsbüros der US-Nationalbank in den Ruhestand. In ihrer Freizeit tippte sie den gesamten Text der Urantia-Schriften und deren Korrekturen von handgeschriebenen Manuskripten ab. Ihre maschinenschriftlichen Kopien wurden den Forumsmitgliedern bis zur Veröffentlichung des *Buches Urantia* 1955 vorgelesen. Von ihrer Pensionierung an arbeitete sie Vollzeit im Büro der *Urantia Foundation* und blieb bis zu ihrem Tod 1982 dort Büroleiterin. Sie war außerdem Gründungsbevollmächtigte der *Urantia Foundation*. Nach dem Tod Dr. Sadlers im Jahr 1969 musste sie die Stiftung als letztes überlebendes Mitglied der Kontaktkommission alleine leiten. Trotz aller auftretenden Probleme verströmte Christy den Menschen gegenüber eine natürliche Freundlichkeit. Sie starb am 2. Mai 1982 in Chicago, nachdem sie reichlich Zeit gehabt hatte, sich von vielen Urantia-Freunden zu verabschieden.

Wilfred C. Kellogg, 1876–1956

Wilfred Kellogg wurde am 3. Oktober 1876 in Berkshire/Vermont geboren. Er lernte Dr. Sadler kennen, als dieser seine Cousine und Schwägerin Lena heiratete. Wilfred heiratete 1912 seine Cousine Anna. Er arbeitete im Diversey Parkway Nr. 533 als Büroleiter für die Sadlers. Zu seinen Aufgaben gehörte es, für die vielen Veröffentlichungen der Familie als Agent aufzutreten. Außerdem beaufsichtigte er die Abendlesungen der Urantia-Schriften im Diversey Parkway Nr. 533 und sammelte bei den sonntäglichen Forumstreffen die Fragen der Anwesenden ein. Er war ein durch und durch zuverlässiger und nüchterner Mensch. Auch er war Gründungsbevollmächtigter der *Urantia Foundation*, der er bis zu seinem Tod angehörte. Er starb kurz nach der Veröffentlichung des *Buches Urantia* am 31. August 1956 in Chicago.

Anna B. Kellogg, 1877–1960

Sie wurde in Battle Creek/Michigan geboren. Wie schon erwähnt, war Lena ihre Schwester und Wilfred ein Cousin. Anna und Wilfred begleiteten die Sadlers sowohl nach La Grange als auch mehrere Jahre später zum Diversey Parkway Nr. 533 und blieben für den Rest ihres Lebens mit ihnen zusammen. Sie machten oft gemeinsam mit den Sadlers die Chautauqua-Tour und waren vom Zeitpunkt ihres Einzugs bis zu ihrem Tod in die Alltagsangelegenheiten im Diversey Parkway Nr. 533 einbezogen. Anna war ein angenehmer und beruhigender Mensch, der dazu beitrug, dass andere sich wohl fühlten. Sie überlebte Wilfred um vier Jahre und starb am 24. Februar 1960.

Ruth Kellogg, ca. 1915–1944

Ruth war das einzige Kind von Wilfred und Anna Kellogg und von Geburt an taub. Sie wurde kurz vor ihrem Tod verheiratet und starb Anfang 1944 im Kindbett, nachdem es wegen der Masern in Chicago zu Komplikationen gekommen war. Ihre Eltern hatten große Schwierigkeiten, sich von dem Schlag zu erholen. Ob Ruth ein aktives Mitglied der

Kontaktkommission war, ist nicht bekannt. Da alle Mitglieder der Kontaktkommission durch enge familiäre Beziehungen miteinander verbunden waren, glaube ich, dass Ruth zur Kommission gehörte oder dass sie zumindest auch das Geheimhaltungsgelöbnis ablegen musste.

ANHANG C

Der Energiepol von Urantia

Auf den Seiten 438/439 des *Buches Urantia* wird auf den spirituellen Energiepol eines Planeten hingewiesen. Das ist der Ort, an dem, wenn es am entsprechenden Meridian 12 Uhr mittags ist, Radiowellen aus dem Universum empfangen werden und an dem die Seraphim um Mitternacht den Planeten verlassen.

Es ist bekannt, dass dieser spirituelle Energiepol im Allgemeinen mit dem Hauptquartier der spirituellen Regierung eines Planeten identisch ist; zur Zeit des Planetarischen Prinzen müsste er sich also in Dalamatia befunden haben.

Was geschah, als die Rebellion ausbrach, ist nicht bekannt; allerdings könnte der Pol sich bis zur Zeit von Adam und Eva im Hauptquartier Vans und anschließend auf dem Gebiet des Gartens Eden befunden haben.

Unter Forumsmitgliedern ist bekannt, dass der Kontaktkommission der gegenwärtige Ort des spirituellen Energiepols mitgeteilt wurde. Er liegt im Mariposa Grove mit seinen gigantischen Mammutbäumen im Yosemite-Nationalpark im Osten Zentralkaliforniens.

Dort findet nicht nur die An- und Abreise der Seraphim nach oder von Urantia statt, dort ist auch das Hauptquartier der Erzengel.

Aufgrund der Rebellion werden Sendungen nur empfangen, wenn die zuständigen Erzengel-Abteilungen im Hauptquartier dies freundlicherweise genehmigen. An dieser Stelle liegt natürlich auch das Hauptquartier der aktuellen spirituellen planetarischen Regierung von Urantia.

Außer der landschaftlichen Schönheit des Ortes wird Ihnen dort nichts Außergewöhnliches auffallen.

Weitere Informationen zu speziellen Fragen erhalten Sie unter folgender Anschrift:

Werner Sutter
Merzhauser Straße 3
D-79100 Freiburg im Breisgau
Tel. 0761 - 130 7100
Fax 0761 - 130 7062
urantiabuch@gmx.de

Auch der Autor der vorliegenden Darstellung steht für Fragen zur Verfügung:

Mark Kulieke
Morning Star Foundation
P.O. Box 9343
Green Bay, WI 54308 - 9343
Tel. 001 (920) 469 - 8846
morningstar@new.rr.com
www.morningstarcatalog.com

Die *Morning Star Foundation* ist eine gemeinnützige, steuerbefreite Organisation. Spenden sind steuerlich absetzbar und gehen in eine Vielzahl von Projekten ein, unter anderem eine Präsentation dieser Darstellung auf Video und den weiteren Ausbau einer historischen Bibliothek, die Material zur Urantia-Bewegung sammelt und für die Öffentlichkeit verfügbar macht.

**Bitte beachten Sie auch
den folgenden Titel unseres Verlages.**

Erhältlich in jeder Buchhandlung und direkt bei:

AMRA Verlag
Auf der Reitbahn 8
D-63452 Hanau
Tel. 061 81 - 18 93 92
info@amraverlag.de

Nutzen Sie unseren Bestellservice auf:

www.amraverlag.de

Wir liefern frei Haus zum Ladenpreis!

INHALTSVERZEICHNIS VON
»UND DER VATER SELBST LIEBT EUCH!«

VORBEMERKUNG

1. Die Dreifaltige und die Zweifaltige Schöpfergottheit
2. Die Superuniversen und die Lokalen Universen
3. Das Universum von Nebadon und Meisterschöpfersohn
   Christ Michael
4. Das Lokale System und unser Planet Urantia
5. Die Rebellion des Systemregenten Luzifer
6. Die Missionen von Adam und Eva und
   Machiventa Melchizedek
7. Christ Michaels Schenkungen und seine Erste und
   Zweite Ankunft

DIE URMIA-REDEN

1. Göttliche und menschliche Souveränität
2. Politische Souveränität
3. Gesetz, Freiheit und Souveränität

AUSGEWÄHLTE BOTSCHAFTEN

Über die Mission vor zweitausend Jahren
(Sananda Immanuel)
Auferstehung
(Sananda Immanuel)
Ich befinde mich im Prozess der Materialisation
(Monjoronson)
Über die Erste und Zweite Ankunft
(Christ Michael)

Michael George

UND
DER VATER SELBST
LIEBT EUCH!

Die Offenbarungen
des Buches Urantia

144 Seiten, gebunden,
illustriert, Schutzumschlag,
Goldprägung und Leseband
Amra Verlag, € 18,90

ISBN 978-3-939373-05-6

Das *Buch Urantia*, das mittlerweile eine Gesamtauflage von
700.000 Exemplaren hat, informiert über Ursprung, Geschichte
und Schicksal der Menschheit und unsere Beziehung zu Gott.
Es schildert auf einzigartige Weise das Leben und die Lehren
Jesu und gilt bei vielen als das größte Wissensgeschenk, das
der Menschheit übergeben wurde.

Das *Buch Urantia* wurde bereits in ein Dutzend Sprachen übersetzt, auch ins Deutsche, Italienische und Französische. In zehn
weiteren Sprachen ist es in Vorbereitung, darunter auf Japanisch,
Chinesisch, Griechisch, Polnisch und Schwedisch.

Diese Einführung wurde mit einem besonderen Schwerpunkt
auf den Missionen von Adam und Eva und dem Leben Jesu erarbeitet. Enthalten sind außerdem neue Botschaften sowie eine
Neuübersetzung der drei Reden des Meisters Jesus, die er im
Alter von dreißig Jahren nahe der alten persischen Stadt Urmia
in einem Amphitheater hielt.

Die einzige deutsche Einführung in einen modernen Klassiker
der spirituellen Literatur!

Leseproben auf www.amraverlag.de

AUS DER VORBEMERKUNG ZU DEM BUCH
»UND DER VATER SELBST LIEBT EUCH!«

Dieser Effekt ist wohl jedem Wahrheitssucher geläufig: Befasst man sich intensiv mit bestimmten Themen, dann entwickelt man eine Art Magnetismus, der unweigerlich neue Anregungen, anspornende Eingebungen und offenbarende Bücher anzieht. So ging es mir mit dem *Buch Urantia*.

Ich fand die Website bei Internet-Recherchen, lud mir kapitelweise englische Texte herunter und machte mich dann an die Lektüre. Ich entdeckte einen unglaublichen Wissensschatz und nahm mir vor, mit Übersetzungsarbeiten zu beginnen, sobald die Zeit es mir erlaubte. Im Winter 2005/06 machte ich mich an die Arbeit und erstellte aus dem reichhaltigen Material des *Buches Urantia* einen Text, der als Einstiegshilfe in das über die Maßen umfangreiche Originalwerk dienen sollte.

Kaum hatte ich den letzten Satz geschrieben und mich aufatmend zurückgelehnt, da erreichte mich die Nachricht, dass soeben eine deutsche Fassung erschienen sei. War meine Arbeit auf einen Schlag überflüssig geworden? Ganz und gar nicht.

Die deutsche Ausgabe umfasst immerhin wie das amerikanische Original fast 2100 Seiten. Das ist mehr, als die meisten lesenden Wahrheitssucher sich zumuten wollen. So ist die Kurzfassung, die ich erarbeitet habe, aus zwei Gründen nützlich für alle, die sich mit dem Wissenskosmos befassen wollen, den das *Buch Urantia* vor uns ausbreitet:

Erstens kann sie als Einstieg, als Portalöffner, als Trampolin in die höheren Weihen der Urantia-Lektüre dienen, als zusammenfassende Darstellung wichtiger Sachverhalte. Und zweitens als vorläufiger Überblick für diejenigen, denen die Lektüre des Werkes selbst noch zu langwierig, zu zeitraubend oder zu mühsam ist.

Michael George